Cocina a Fuego Lento

Delicias que Encantan

Isabel Rodríguez

Indice

Pollo Crockpot Picante Con Salsa De Mermelada De Chipotle 24

    INGREDIENTES 24

    PREPARACIÓN 24

Receta de cazuela suiza de pollo con olla de barro 26

    INGREDIENTES 26

    PREPARACIÓN 26

Pollo tami a la mostaza y miel 27

    INGREDIENTES 27

    PREPARACIÓN 27

Pollo Tami Con Limón Y Pimienta, Olla De Cocción Lenta 28

    INGREDIENTES 28

    PREPARACIÓN 28

Pollo Crock "Pop" de Tawny 29

    INGREDIENTES 29

    PREPARACIÓN 29

Chile Blanco Con Pollo 30

    INGREDIENTES 30

    PREPARACIÓN 31

Will's Chicken Chili para olla de cocción lenta 32

INGREDIENTES.. 32

• guarniciones opcionales.. 33

PREPARACIÓN 33

Chile de pavo picado 34

INGREDIENTES.. 34

PREPARACIÓN 35

Pechuga de pavo con manzana y arándanos 36

INGREDIENTES.. 36

PREPARACIÓN 36

Pechuga de pavo con salsa de naranja y arándanos 38

INGREDIENTES.. 38

PREPARACIÓN 39

Pavo con arándanos en una olla eléctrica 40

INGREDIENTES.. 40

PREPARACIÓN 40

Pavo Crockpot Con Crema Agria 41

INGREDIENTES.. 41

PREPARACIÓN 42

Sándwiches De Pavo 43

INGREDIENTES.. 43

PREPARACIÓN 43

Pavo Crockpot Con Ajo 44

INGREDIENTES 44

PREPARACIÓN 44

Salsa para pasta con pavo molido 45

INGREDIENTES 45

PREPARACIÓN 46

Joes descuidados de pavo molido 47

INGREDIENTES 47

PREPARACIÓN 48

Cassoulet fácil de cocción lenta 49

INGREDIENTES 49

PREPARACIÓN 50

Muslos de pavo isleño a la parrilla 51

INGREDIENTES 51

PREPARACIÓN 52

Pechuga de pavo con hierbas y limón 53

INGREDIENTES 53

PREPARACIÓN 53

Pavo y arroz salvaje en olla de cocción lenta 54

INGREDIENTES 54

PREPARACIÓN 55

Pavo y verduras cocidos a fuego lento 56

INGREDIENTES 56

PREPARACIÓN 57

Pechuga de pavo con salsa de naranja y arándanos 58

INGREDIENTES 58

PREPARACIÓN 58

Pavo Con Batatas 59

INGREDIENTES 59

PREPARACIÓN 59

Olla de barro con pavo y arroz 61

INGREDIENTES 61

PREPARACIÓN 61

Pechuga De Pavo Fácil En Olla De Cocción Lenta 62

INGREDIENTES 62

PREPARACIÓN 62

Pastel de tamal con pavo molido 63

INGREDIENTES 63

PREPARACIÓN 63

barbacoa de pavo 64

INGREDIENTES 64

PREPARACIÓN 64

Crockpot Türkiye y Quesadillas 65

INGREDIENTES 65

PREPARACIÓN 66

Pechuga de pavo con mermelada 67

INGREDIENTES 67

PREPARACIÓN 67

Cazuela de pavo y brócoli en olla de cocción lenta 68

INGREDIENTES 68

PREPARACIÓN 69

Pastel de pavo en olla de cocción lenta 70

INGREDIENTES 70

PREPARACIÓN 71

pavo con salsa 72

INGREDIENTES 72

PREPARACIÓN 72

Turquía Madeira 73

INGREDIENTES 73

PREPARACIÓN 73

Muslos de pavo ranchero 74

INGREDIENTES 74

PREPARACIÓN 75

Cazuela Crockpot De Pavo Y Arroz 76

INGREDIENTES 76

PREPARACIÓN 76

Estofado De Pavo Con Champiñones Y Crema Agria 77

INGREDIENTES 77

PREPARACIÓN 78

Tetrazzini de pavo fácil en Crockpot 79

INGREDIENTES 79

PREPARACIÓN 80

Salsa de espagueti de Vickie con salchicha de pavo 81

INGREDIENTES 81

PREPARACIÓN 82

Pechuga de pavo estofada en vino 83

INGREDIENTES 83

PREPARACIÓN 84

manzana betty 85

INGREDIENTES 85

PREPARACIÓN 85

Mantequilla de manzana 86

INGREDIENTES 86

PREPARACIÓN 86

xCrujiente de manzana y coco 87

INGREDIENTES 87

PREPARACIÓN 88

Crujiente de manzana y arándanos 89

INGREDIENTES 89

PREPARACIÓN 89

Compota De Manzana Y Arándanos 90

INGREDIENTES 90

PREPARACIÓN 90

Budín de manzana y dátiles 91

INGREDIENTES 91

PREPARACIÓN 92

Tarta de queso con manzana y nueces 93

INGREDIENTES 93

• Relleno: 93

• Empaquetadura: 93

PREPARACIÓN 94

Pastel De Manzana Y Café 95

INGREDIENTES 95

PREPARACIÓN 95

Pastel de pudín de manzana 97

INGREDIENTES.. 97

PREPARACIÓN 98

Pan de albaricoque y nueces 99

INGREDIENTES.. 99

PREPARACIÓN 100

manzanas cocidas 101

INGREDIENTES.. 101

PREPARACIÓN 101

Manzanas al horno II... 102

INGREDIENTES.. 102

PREPARACIÓN 102

natillas al horno.. 103

INGREDIENTES.. 103

PREPARACIÓN 103

Pan de banana.. 104

INGREDIENTES.. 104

PREPARACIÓN 105

Pan de plátano y nuez 106

INGREDIENTES.. 106

PREPARACIÓN 106

plátanos confitados 108

INGREDIENTES 108

PREPARACIÓN 108

manzanas carmel 109

INGREDIENTES 109

PREPARACIÓN 109

Fondue de ron y caramelo 111

INGREDIENTES 111

PREPARACIÓN 111

Crujiente de cereza 112

INGREDIENTES 112

PREPARACIÓN 112

Racimos de chocolate 113

INGREDIENTES 113

PREPARACIÓN 113

Rollos de nueces y caramelo de vasija 114

INGREDIENTES 114

PREPARACIÓN 114

Mantequilla De Manzana Crockpot 116

INGREDIENTES 116

PREPARACIÓN 116

Mantequilla de manzana Crockpot II 117

INGREDIENTES.. 117

PREPARACIÓN 117

Postre crujiente de manzana Crockpot 118

INGREDIENTES.. 118

Sugerencias de relleno: 118

PREPARACIÓN 119

Budín de pan crockpot 120

INGREDIENTES.. 120

PREPARACIÓN 121

Budín de pan Crockpot II 122

INGREDIENTES.. 122

PREPARACIÓN 123

Caramelo de olla de cocción lenta 124

INGREDIENTES.. 124

PREPARACIÓN 124

Arándanos en olla de barro 125

INGREDIENTES.. 125

PREPARACIÓN 125

Pudín de pan con canela y naranja Crockpot 126

INGREDIENTES.. 126

PREPARACIÓN 126

Mantequilla de durazno en olla de barro 128

INGREDIENTES 128

PREPARACIÓN 128

Bizcocho de crockpot 129

INGREDIENTES 129

PREPARACIÓN 130

Pan de calabaza Crockpot 131

INGREDIENTES 131

PREPARACIÓN 132

Arroz con leche en olla de barro 133

INGREDIENTES 133

PREPARACIÓN 134

Arroz con leche en olla de barro con fruta 135

INGREDIENTES 135

PREPARACIÓN 135

Manzanas fritas en crockpot 137

INGREDIENTES 137

PREPARACIÓN 137

Pastel De Frutas Al Curry 138

INGREDIENTES 138

PREPARACIÓN 138

Tarta De Cerezas Fácil 139

INGREDIENTES.. 139

PREPARACIÓN 139

Racimos de chocolate fáciles 140

INGREDIENTES.. 140

PREPARACIÓN 140

Puré de manzana fácil en olla de cocción lenta...................... 141

INGREDIENTES.. 141

PREPARACIÓN 141

natillas favoritas... 142

INGREDIENTES.. 142

PREPARACIÓN 143

Pan de plátano en maceta 144

INGREDIENTES.. 144

PREPARACIÓN 145

Tarta de manzana fresca 146

INGREDIENTES.. 146

• STREUSEL... 146

PREPARACIÓN 147

pan de jengibre 148

INGREDIENTES 148

PREPARACIÓN 148

Budín de pan casero 149

INGREDIENTES 149

PREPARACIÓN 150

Manzanas caramelizadas calientes 151

INGREDIENTES 151

PREPARACIÓN 151

Compota de frutas caliente 152

INGREDIENTES 152

PREPARACIÓN 152

Postre de frutas caliente 153

INGREDIENTES 153

PREPARACIÓN 153

Fruta picante picante 154

INGREDIENTES 154

PREPARACIÓN 154

pudín indio 155

INGREDIENTES 155

PREPARACIÓN 156

Pastel al revés de limón y semillas de amapola 157

INGREDIENTES 157

PREPARACIÓN 158

Deliciosa tarta de queso con limón 159

INGREDIENTES 159

Relleno: 159

PREPARACIÓN 160

Manzanas al horno con maní naranja 161

INGREDIENTES 161

PREPARACIÓN 162

Manzanas al horno de Maggie 163

INGREDIENTES 163

PREPARACIÓN 163

Obleas de mantequilla de menta 164

INGREDIENTES 164

PREPARACIÓN 164

Tarta de queso con chocolate y mantequilla de maní 165

INGREDIENTES 165

• Relleno: 165

PREPARACIÓN 165

Bombones De Tarta De Queso 167

INGREDIENTES 167

Relleno: 167

PREPARACIÓN 167

Pastel De Pudín 169

INGREDIENTES 169

PREPARACIÓN 170

calabaza de nueva york 171

INGREDIENTES 171

PREPARACIÓN 172

Pan de calabaza 173

INGREDIENTES 173

PREPARACIÓN 174

Al Rabar 175

INGREDIENTES 175

PREPARACIÓN 175

Ricos brownies con corteza de nueces 176

INGREDIENTES 176

PREPARACIÓN 176

Tarta de queso con amaretto y ricota 177

INGREDIENTES 177

• Relleno: 177

PREPARACIÓN 177

Postre de manzana sencillo en olla de cocción lenta 179

INGREDIENTES.. 179

PREPARACIÓN 180

Zapatero de desayuno en olla de cocción lenta 181

INGREDIENTES.. 181

PREPARACIÓN 181

Compota De Frutas Cocidas Con Canela 182

INGREDIENTES.. 182

PREPARACIÓN 182

Pudín de pan con canela y naranja en olla de cocción lenta 183

INGREDIENTES.. 183

PREPARACIÓN 183

Arroz con leche cocido a fuego lento con frutos rojos 185

INGREDIENTES.. 185

PREPARACIÓN 186

Cuchara de duraznos... 187

INGREDIENTES.. 187

PREPARACIÓN 187

Budín de calabaza y dátiles al vapor 189

INGREDIENTES.. 189

PREPARACIÓN 190

fruta cocida 191

INGREDIENTES 191

PREPARACIÓN 191

Zapatero de fresa y ruibarbo 192

INGREDIENTES 192

PREPARACIÓN 192

Bizcocho de Streusel 194

INGREDIENTES 194

PREPARACIÓN 194

Budín de triple chocolate 195

INGREDIENTES 195

PREPARACIÓN 195

Fruta especiada caliente 196

INGREDIENTES 196

PREPARACIÓN 196

pan de calabacín 197

INGREDIENTES 197

PREPARACIÓN 198

Frijoles con Atún 199

INGREDIENTES 199

PREPARACIÓN 199

Delicia de queso y pasta (atún o pollo) 200

INGREDIENTES 200

PREPARACIÓN 200

Gumbo De Pollo Y Salchicha Con Camarones 201

INGREDIENTES 201

PREPARACIÓN 201

Pollo y Camarones 203

INGREDIENTES 203

PREPARACIÓN 203

Cítricos - Olla eléctrica 205

INGREDIENTES 205

PREPARACIÓN 205

Sopa de almejas crockpot 207

INGREDIENTES 207

PREPARACIÓN 207

Jambalaya 209

INGREDIENTES 209

PREPARACIÓN 209

Chuletas de cerdo Crockpot II 211

INGREDIENTES 211

PREPARACIÓN 211

Chuletas de cerdo Crockpot - Joan's 212

INGREDIENTES 212

PREPARACIÓN 212

Chuleta De Cerdo Y Papas En Crockpot 214

INGREDIENTES 214

PREPARACIÓN 214

Chuletas De Cerdo En Crockpot 215

INGREDIENTES 215

PREPARACIÓN 215

Variaciones 216

Cazuela De Pasta Y Espinacas Crockpot 217

INGREDIENTES 217

PREPARACIÓN 218

Estofado De Cerdo En Crockpot 219

INGREDIENTES 219

PREPARACIÓN 220

Cerdo desmenuzado en crockpot 221

INGREDIENTES 221

PREPARACIÓN 221

Pollo Crockpot Picante Con Salsa De Mermelada De Chipotle

INGREDIENTES

- 1 chile chipotle en adobo, finamente picado, con aproximadamente 1 cucharadita de salsa
- 1/3 taza de mermelada de naranja dulce
- 1 cucharadita de chile en polvo
- 1/4 cucharadita de ajo en polvo
- 1 cucharada de vinagre balsámico
- 1 cucharada de miel
- 1/2 taza de caldo de pollo
- 1 cucharada de aceite vegetal
- Pimienta negra recién molida
- Una pizca de sal
- 4 mitades de pechuga de pollo deshuesadas y sin piel
- 1 cucharada de fécula de maíz
- 2 cucharadas de agua fría

PREPARACIÓN

1. Combina el chipotle con la salsa de adobo, mermelada, chile en polvo, ajo en polvo, vinagre, miel, caldo de pollo y aceite.
2. Espolvorea las pechugas de pollo con sal y pimienta. Colócalos en la olla de cocción lenta; vierta sobre la mezcla de mermelada.

3. Tape y cocine a temperatura BAJA durante 5 a 7 horas, o hasta que el pollo esté bien cocido.
4. Coloque el pollo en un plato; tapar y mantener caliente.
5. Vierte los líquidos en una cacerola y lleva a ebullición a fuego alto.
6. Reduzca el fuego a medio y hierva hasta que se reduzca ligeramente, aproximadamente 5 minutos.
7. Combine la maicena con agua fría hasta que quede suave; agregue la salsa y continúe cocinando, revolviendo, aproximadamente 1 minuto más o hasta que espese.
8. Sirve el pollo con la salsa espesa.
9. Para 4 personas.
10. La receta se puede duplicar y cocinar al mismo tiempo.

Receta de cazuela suiza de pollo con olla de barro

INGREDIENTES

- 6 mitades de pechuga de pollo deshuesadas y sin piel
- 6 rebanadas de queso suizo
- 1 lata condensada (10 3/4 onzas) de crema de champiñones, sin diluir
- 2 tazas de mezcla para relleno sazonada con hierbas
- 1/2 taza de mantequilla o margarina, derretida

PREPARACIÓN

1. Unte con mantequilla los lados y el fondo del inserto del recipiente de cocción lenta o rocíe con aceite en aerosol antiadherente.
2. Coloca las pechugas de pollo en el fondo de la sartén. Cubra con el queso suizo y luego vierta la mezcla de crema de champiñones sobre el queso.
3. Espolvoree las migas de relleno sobre la capa de sopa y luego vierta la mantequilla derretida por encima.
4. Cocine a temperatura BAJA durante 5 a 7 horas o a temperatura alta durante 3 a 3 1/2 horas.

Pollo tami a la mostaza y miel

INGREDIENTES

- 4 a 6 pechugas de pollo deshuesadas y sin piel (o use trozos de pollo adicionales)

- 3/4 taza de mostaza Dijon o use su mostaza gourmet favorita

- 1/4 taza de miel

PREPARACIÓN

1. Coloque el pollo en la olla. Mezcla la mostaza y la miel y vierte sobre el pollo. Cocine a temperatura alta durante 3 horas o a temperatura baja durante 6-8 horas. Ajuste el tiempo para el pollo con hueso.

Pollo Tami Con Limón Y Pimienta, Olla De Cocción Lenta

INGREDIENTES

- 4 a 6 pechugas de pollo deshuesadas, sin piel ni otras partes del pollo
- condimento de limón y pimienta
- 2 cucharadas de mantequilla o margarina derretida

PREPARACIÓN

1. Coloca el pollo en una olla de cocción lenta. Espolvorea generosamente con el condimento de pimienta y limón. Sazone el pollo con mantequilla o margarina. Cocine a temperatura BAJA durante 6 a 8 horas o hasta que el pollo esté tierno.

Pollo Crock \"Pop\" de Tawny

INGREDIENTES

- Trozos de pollo, pechugas, etc. 1 1/2 a 2 1/2 libras.
- 1 botella pequeña de ketchup (1 taza)
- 1 cebolla mediana, picada
- 1 lata de tu marca favorita de cola o Dr. Pepper®

PREPARACIÓN

1. Combine todos los ingredientes en la olla de cocción lenta; tape y cocine a fuego lento durante 6-8 horas.
2. Sirva sobre arroz, fideos o patatas.
3. Sirve de 4 a 6 porciones.

Chile Blanco Con Pollo

INGREDIENTES

-
1 lata de aceite de cocina en aerosol

-
1 cucharada de aceite de oliva

- 1 libra de pechuga de pollo deshuesada; sin piel, cortada en trozos de 1/2 pulgada

- 1/4 taza de cebolla picada

- 3 dientes de ajo picados

- 1 lata de tomatillos (aproximadamente 16 onzas), escurridos y cortados en trozos

- 1 lata de tomates Ro-tel, tomates cortados en cubitos con chiles verdes

- 1 lata de caldo de pollo (1 1/2 tazas)

- 1 lata (4 onzas) de chiles verdes picados, sin escurrir

- 1/2 cucharadita de hojuelas de orégano seco

- 1/2 cucharadita de semillas de cilantro, picadas

- 1/4 cucharadita de comino molido

- 2 latas de judías verdes del norte, escurridas

- 3 cucharadas de jugo de lima

- 1/4 cucharadita de pimienta negra

- 1/2 taza de queso Cheddar fuerte rallado

PREPARACIÓN

1. Rocíe una sartén grande con aceite en aerosol, agregue el aceite de oliva y caliente a fuego medio-alto hasta que esté caliente. Agrega el pollo cortado en cubitos y fríe durante 3 minutos o hasta que esté bien cocido. Retire el pollo de la sartén. Coloca todos los ingredientes, excepto el queso, en una olla de barro y cocina por 8 horas. Cubra cada porción con un poco de queso rallado. Sirve el chile de pollo blanco con totopos, salsa, crema agria y aderezos de tu elección. Para 6.

Will's Chicken Chili para olla de cocción lenta

INGREDIENTES

- Pechugas de pollo tiernas o de una libra
- 2 latas (aproximadamente 14,5 onzas cada una) de caldo de pollo
- 2 latas (8 onzas cada una) de salsa de tomate
- 1 cebolla, picada
- 1 taza de maíz congelado
- 1 zanahoria, rebanada
- 1 rama de apio, cortado en cubitos
- 1 lata (14,5 onzas) de tomates cortados en cubitos
- 1 lata de 15 onzas de frijoles rojos, más líquido
- 1 frasco (4 onzas) de pimiento morrón cortado en cubitos, escurrido
- 1 chile jalapeño, cortado en cubitos
- 2 cucharaditas de chile en polvo (o más al gusto)
- 1 cucharadita de comino
- 1 diente de ajo picado (puede reemplazar el ajo en polvo)
- 1/2 cucharadita de sal
- una pizca de albahaca
- una pizca de pimienta de cayena (o más al gusto)
- una pizca de orégano

-

guarniciones opcionales

- cCrea agria

- perejil picado

- queso rallado (mezcla mexicana, cheddar jack, cheddar, pepper jack, etc.)

- tomates cortados

- cebollas verdes en rodajas finas

PREPARACIÓN

1. Combine todos los ingredientes excepto los aderezos opcionales en una olla de cocción lenta. Tape y cocine a temperatura alta durante 2 horas, luego a temperatura baja durante otras 6 horas.
2. O el chile se puede cocinar a fuego lento durante 8 a 10 horas.
3. Sirva en tazones con la guarnición que elija.

Chile de pavo picado

INGREDIENTES

- 1 libra de pavo molido o carne molida
- 1/2 taza de cebolla picada gruesa
- 2 latas (14.5 onzas cada una) de tomates cortados en cubitos con jugo
- 1 lata (16 onzas) de frijoles pintos, escurridos y enjuagados
- 1/2 taza de salsa con trozos, tu favorita
- 2 cucharaditas de chile en polvo
- 1 1/2 cucharaditas de comino molido
- Sal y pimienta para probar
- 1/2 taza de queso Cheddar o mezcla mexicana rallado
- 1 o 2 cucharadas de aceitunas negras en rodajas

PREPARACIÓN

1. En una sartén grande a fuego medio, dore el pavo molido y la cebolla. Escurrir el exceso de grasa.
2. Transfiera la mezcla dorada a la olla con los tomates, los frijoles, la salsa, el chile en polvo y el comino. Revuelva suavemente para combinar los ingredientes.
3. Cubra y cocine a fuego lento durante 5-6 horas. Pruebe y sazone con sal y pimienta.
4. Servir con una cucharada de crema agria y un poco de queso rallado y rodajas de aceitunas negras.
5.
    Para 4 personas.

Pechuga de pavo con manzana y arándanos

INGREDIENTES

- 2 cucharadas de mantequilla
- 1 rama de apio grande, picada
- 2 cucharadas de cebolla o chalota finamente picada, opcional
- 1 manzana, pelada, sin corazón y cortada en cubitos
- 2 tazas de migajas de relleno con sabor a hierbas
- 1/2 taza de caldo de pollo
- 1 lata (14 onzas) de salsa de arándanos entera, cantidad dividida
- 1 cucharadita de condimento para aves
- Chuletas de pechuga de pavo, alrededor de 1 1/2 a 2 libras
- sal kosher y pimienta negra recién molida

PREPARACIÓN

1. En una sartén grande o sartén a fuego medio, derrita la mantequilla. Agrega el apio, la cebolla, si se usa, y la manzana cortada en cubitos. Cocine, revolviendo, durante unos 5 minutos.
2. En un tazón grande, combine el relleno rallado con la mezcla de vegetales salteados, el caldo de pollo, 1 taza de salsa de arándanos y el condimento para aves. Mezclar bien para combinar.

3. Vierta unas cucharadas de la mezcla de relleno sobre una chuleta de pechuga de pavo. Empezando por el extremo largo, enrolle y asegúrelo con palillos.
4. Coloca los panecillos en la olla de cocción lenta.
5. Alternativamente, puedes enrollar ligeramente el pavo sin el relleno y verter la mezcla de relleno alrededor de los panecillos.
6. Extienda el exceso de relleno alrededor de los rollos de pavo. Espolvorea con sal kosher y pimienta negra recién molida.
7. Tape y cocine a temperatura BAJA durante 5 horas o ALTA durante aproximadamente 2 1/2 horas.

Pechuga de pavo con salsa de naranja y arándanos

INGREDIENTES

- 1/4 taza de azúcar granulada
- 2 cucharadas de fécula de maíz
- 3/4 taza de mermelada de naranja
- 1 taza de arándanos frescos, molidos o finamente picados
- 1 pechuga de pavo pequeña deshuesada, de aproximadamente 3 a 4 libras
- Sal y pimienta para probar

PREPARACIÓN

1. En una cacerola pequeña, combine el azúcar y la maicena; agregue la mermelada y los arándanos. Cocine a fuego medio, revolviendo, hasta que la mezcla burbujee y espese un poco.
2. Coloca la pechuga de pavo en la olla de cocción lenta. Espolvorea todo con sal y pimienta.
3. Vierte la salsa sobre el pavo.
4. Tape y cocine a temperatura ALTA durante 1 hora. Reduzca el fuego a bajo y cocine de 6 a 8 horas más.
5. Inserte un termómetro de lectura instantánea en la parte más gruesa de la pechuga de pavo para verificar que esté cocida.
6. Debe registrar al menos 165°F a 170°F.
7. Cortar el pavo en rodajas y servir con la salsa.
8. Para 6-8 porciones.

Pavo con arándanos en una olla eléctrica

INGREDIENTES

- 1 pechuga de pavo, descongelada en el refrigerador
- 1 bolsa de sopa de cebolla Lipton (yo usé la de hierbas)
- 1 frasco de salsa de arándanos

PREPARACIÓN

1. Coloca el pavo en la olla de barro. Mezcla la salsa de arándanos y la sopa y vierte sobre el pavo.
2. Cocine a temperatura alta durante 2 horas, luego a temperatura baja durante 6 a 7 horas.
3. La pechuga de pavo debe registrar al menos 165 grados en un termómetro para alimentos insertado en la parte más gruesa de la carne.

Pavo Crockpot Con Crema Agria

INGREDIENTES

- 1 pechuga de pavo deshuesada (alrededor de 3 1/2 libras)
- 1 cucharadita de sal
- 1/4 cucharadita de pimienta
- 2 cucharaditas de eneldo seco, cantidad dividida
- 1/4 taza de agua
- 1 cucharada de vinagre blanco o de vino
-
3 cucharadas de harina
-
1 taza de crema agria

PREPARACIÓN

1. Espolvorea ambos lados de la pechuga de pavo con sal, pimienta y 1 cucharadita de eneldo. Coloca la pechuga de pavo en la olla. Agrega agua y vinagre. Tape y cocine a fuego lento de 7 a 9 horas o hasta que estén tiernos. Retire la pechuga de pavo y colóquela en un plato; manténgase caliente. Transfiera los jugos a una cacerola; Colocar en la estufa y calentar a fuego medio-alto. Cocine a fuego alto, sin tapar, durante unos 5 minutos para reducir los líquidos. Disolver la harina en un poco de agua fría e incorporarla al líquido.
2. Agrega la cucharadita restante de eneldo.
3. Cocine hasta que espese, aproximadamente de 15 a 20 minutos. Agrega la crema agria y apaga el fuego. Cortar la carne en rodajas y servir con la salsa de crema agria.
4. Para 6.

Sándwiches De Pavo

INGREDIENTES

-
- 6c. pavo cortado en cubitos
- 3 tazas de queso Velveeta (queso americano), cortado en cubitos o rallado
- 1 lata (10 3/4 onzas) de crema de champiñones
- 1 lata (10 3/4 onzas) de crema de pollo
- 1 cebolla picada
- 1/2 seg. Látigo milagroso

PREPARACIÓN

1. En una olla de cocción lenta, mezcle el pavo cortado en cubitos, el queso, la crema de champiñones, la crema de pollo, la cebolla y Miracle Whip. Tapar y cocinar a fuego lento durante 3 o 4 horas. Revuelva la mezcla de pavo de vez en cuando. Añade un poco de agua si es necesario. Sirva con panecillos partidos.

Pavo Crockpot Con Ajo

INGREDIENTES

- 1 1/2 libras de muslos de pavo deshuesados y sin piel
- sal y pimienta o pimienta con limón al gusto
- 1 cucharada de aceite de oliva
- 6 dientes de ajo, dejados enteros
- 1/2 vaso de vino blanco seco
- 1/2 taza de caldo de pollo
- 1 cucharada de perejil picado

PREPARACIÓN

1. Sazone el pavo con sal y pimienta o pimienta con limón. En una sartén grande a fuego medio-alto, calienta el aceite de oliva. Agrega las piernas de pavo; saltee durante unos 10 minutos.
2. Coloca el pavo en la olla de cocción lenta; agregue los ingredientes restantes. Cocine a temperatura ALTA durante 3-4 horas o hasta que las piernas de pavo estén bien cocidas. Retire los dientes de ajo de la olla. Triture algunos y regrese a la olla de cocción lenta, si lo desea. Sirve el pavo con los jugos.
3. Sirve de 4 a 6 porciones.

Salsa para pasta con pavo molido
INGREDIENTES

- 3 cucharadas de aceite de oliva
- 1 libra de pavo molido
- 1 lata (14,5 oz) de tomates guisados
- 1 lata (6 onzas) de pasta de tomate
- 1/2 cucharadita tomillo seco
- 1 cucharadita de hojas secas de albahaca
- 1/2 cucharadita Orígano
- 1/2 a 1 cucharadita de azúcar, opcional
- 1 cucharadita de sal, o al gusto
- 1/2 taza de cebolla picada
- 1 pimiento morrón, picado
- 2 dientes de ajo machacados

-
1 hoja de laurel

-
1/4 taza de agua

- 4 onzas de champiñones picados o rebanados, frescos o enlatados, escurridos

PREPARACIÓN

1. Pon el aceite en la sartén; pavo molido de color marrón lento. Mientras se cocina el pavo molido, coloque los tomates guisados, la pasta de tomate, el tomillo, la albahaca, el orégano, la sal y el azúcar en la olla de cocción lenta. Mezclar bien y cocinar a fuego lento. Una vez que el pavo esté dorado, transfiéralo a una olla de cocción lenta con una espumadera. En una sartén antiadherente sofreír la cebolla, el pimiento, el ajo y el laurel hasta que se ablanden. Para una cocción lenta, agregue 1/4 taza de agua y los champiñones picados.
2. Tapar y cocinar a fuego lento durante 4 a 6 horas. Diluir con un poco de agua si es necesario.
3. Sirva su pasta cocida favorita con espaguetis cocidos calientes.
4. Para 6.

Joes descuidados de pavo molido

INGREDIENTES

- 2 libras de pavo molido
- 1 taza de cebolla picada
- 2 latas (15 onzas cada una) de salsa de tomate
- 1 lata (6 oz) de pasta de tomate
- 1/2 taza de azúcar moreno (bien empacado)
- 1/3 taza de vino tinto o vinagre de sidra
- 2 cucharadas de salsa inglesa
- 2 cucharadas de humo líquido
- 1/2 cucharadita de sal aromatizada
- 1/4 cucharadita de pimienta negra

PREPARACIÓN

1. Dorar el pavo con la cebolla a fuego medio-alto durante unos 6-8 minutos. Drenar.
2. Transfiera el pavo y la cebolla a la olla de cocción lenta. Mezclar los ingredientes restantes.
3. Tapar y cocinar a fuego lento durante 6-7 horas. Sirva sobre sándwiches o rebanadas de pan.
4. Sirve de 8 a 10 porciones.

Cassoulet fácil de cocción lenta

INGREDIENTES

-

1 cucharada de aceite de oliva virgen extra

-

1 cebolla grande, finamente picada

- 4 muslos de pollo deshuesados y sin piel, picados en trozos grandes
- 1/4 libra de salchicha ahumada cocida, como kielbasa o andouille más picante, cortada en cubitos
- 3 dientes de ajo picados
- 1 cucharadita de hojas secas de tomillo
- 1/2 cucharadita de pimienta negra
- 4 cucharadas de pasta de tomate
- 2 cucharadas de agua
- 3 latas (de aproximadamente 15 onzas cada una) de frijoles norteños grandes, enjuagados y escurridos
-

3 cucharadas de perejil fresco picado

PREPARACIÓN

1. Calienta el aceite de oliva en una sartén grande a fuego medio.
2. Agregue la cebolla al aceite caliente y cocine, revolviendo, hasta que esté tierna, aproximadamente 4 minutos.
3. Mezcla el pollo, la salchicha, el ajo, el tomillo y la pimienta. Cocine de 5 a 8 minutos o hasta que el pollo y la salchicha estén dorados.
4. Agrega la pasta de tomate y el agua; transfiéralo a una olla de cocción lenta. Agrega los frijoles norteños grandes a la mezcla de pollo; cubra y cocine a temperatura BAJA durante 4-6 horas.
5. Antes de servir, espolvorear el cassoulet con perejil picado.
6. Para 6.

Muslos de pavo isleño a la parrilla

INGREDIENTES

- 4 a 6 muslos de pavo

- Sal y pimienta

- 1/2 taza de salsa de tomate

- 5 cucharadas de vinagre de manzana

- 1 cucharada de salsa inglesa

- 4 cucharadas de azúcar moreno oscuro

- 1 cucharadita de humo líquido, opcional

- 1 lata (8 onzas) de piña triturada, bien escurrida

- 1/2 taza de cebolla picada

PREPARACIÓN

1. Engrase ligeramente el revestimiento de los platos de cocción lenta. Coloque las piernas de pavo en la olla de cocción lenta y espolvoree con sal y pimienta. Combine los ingredientes restantes; vierte sobre las piernas de pavo y voltéalas para cubrirlas bien. Cubra y cocine a temperatura BAJA durante 7 a 9 horas.
2. Sirve de 4 a 6 porciones.

Pechuga de pavo con hierbas y limón

INGREDIENTES

- 1/4 taza de azúcar granulada

- 2 cucharadas de maicena

- 3/4 taza de mermelada de naranja
- 1 taza de arándanos frescos, molidos o finamente picados
- 1 pechuga de pavo pequeña deshuesada, de aproximadamente 3 a 4 libras
- Sal y pimienta para probar

PREPARACIÓN

1. En una cacerola pequeña, combine el azúcar y la maicena; agregue la mermelada y los arándanos. Cocine a fuego medio, revolviendo, hasta que la mezcla burbujee y espese un poco.
2. Coloca la pechuga de pavo en la olla de cocción lenta. Espolvorea todo con sal y pimienta.
3. Vierte la salsa sobre el pavo.
4. Tape y cocine a temperatura ALTA durante 1 hora. Reduzca el fuego a bajo y cocine de 6 a 8 horas más.
5. Inserte un termómetro de lectura instantánea en la parte más gruesa de la pechuga de pavo para verificar que esté cocida.
6. Debe registrar al menos 165°F a 170°F.
7. Cortar el pavo en rodajas y servir con la salsa.
8. Para 6-8 porciones.

Pavo y arroz salvaje en olla de cocción lenta

INGREDIENTES

- 6 a 8 rebanadas de tocino, cortado en cubitos, frito hasta que esté crujiente y escurrido

- 1 libra de lomo de pavo, cortado en trozos de 1 pulgada

- 1/2 taza de cebolla picada

- 1/2 taza de zanahorias rebanadas

- 1/2 taza de apio en rodajas

- 2 latas (14 1/2 oz cada una) de pollo

- caldo, o 3 1/4 tazas de caldo o gránulos

- 1 lata (10 3/4 onzas). crema de pollo condensada o crema de pollo con hierbas

- 1/4 cucharadita. mejorana seca

- 1/8 cucharadita. Pimienta

- 1 1/4 tazas de arroz salvaje crudo, enjuagado

PREPARACIÓN

1. En una sartén pesada, cocine el tocino hasta que esté crujiente; Retirar con una espumadera y reservar. Escurrir, dorar los trozos de pavo y cocinar durante unos 3 o 4 minutos. Agrega la cebolla, la zanahoria y el apio; cocine y revuelva durante 2 minutos.
2. Batir la mitad del caldo y la sopa en una olla de cocción lenta. Agrega el caldo restante, la mejorana y la pimienta. Agregue la mezcla de pavo, el tocino y el arroz salvaje.
3. Tapar y cocinar a máxima potencia durante 30 minutos.
4. Reduzca el fuego a bajo. Cocine de 6 a 7 horas hasta que el arroz esté tierno y se absorba el líquido. Pavo y arroz salvaje para 6.

Pavo y verduras cocidos a fuego lento

INGREDIENTES

- Pechuga de pavo deshuesada, alrededor de 1 1/2 a 2 libras
- 1 cebolla (cortada en cuatro rodajas)
- 2 patatas pequeñas, cortadas en rodajas
- 2 nabos pequeños, cortados en cubitos, opcional
- zanahorias bebe
- 1 paquete de mezcla de salsa de pollo seca
- 3/4 vaso de vino blanco seco
- 1/4 taza de agua

PREPARACIÓN

1. Sazone el pavo con sal y pimienta y dórelo por todos lados en una sartén rociada con aceite en aerosol.
2. Agrega la cebolla y cocina hasta que esté ligeramente dorada.
3. Rocíe la olla de cocción lenta con aceite en aerosol y coloque las zanahorias en el fondo; Continúe colocando capas de papas, nabos y cebollas.
4. Coloca el pavo encima de las verduras.
5. Mezclar la salsa con el vino y el agua; Caliente en la estufa o en el microondas y luego viértalo sobre el pavo y las verduras.
6. Tape y cocine a temperatura ALTA durante 2 horas, luego cambie a BAJA y cocine por 3 a 4 horas más.
7. Para 4 personas.

Pechuga de pavo con salsa de naranja y arándanos

INGREDIENTES

- 2 libras de pechuga de pavo tierna
- 1/3 taza de jugo de naranja
- 3/4 taza de salsa de arándanos enteros
- 2 cucharadas de azúcar moreno
- 1 cucharada de salsa de soja
- 1/2 cucharadita de pimienta de Jamaica
- 1 cucharada de maicena disuelta en 1 cucharada de agua fría
- Sal y pimienta para probar

PREPARACIÓN

1. Combina todos los ingredientes; voltee el pavo para cubrirlo. Tape y cocine a fuego lento durante 7 a 9 horas o a fuego alto durante 3 1/2 a 4 horas. Aproximadamente 10 minutos antes de servir, agregue la mezcla de maicena y agua fría. Condimentar con sal y pimienta.
2. Para 4 personas.

Pavo Con Batatas

INGREDIENTES

- 3 batatas medianas o patatas normales, peladas y cortadas en cubos de 2 pulgadas
- 1 1/2 a 2 libras de muslos de pavo, sin piel
- 1 frasco (12 onzas) de salsa de pavo (o use de 1 1/2 a 2 tazas)
- 2 cucharadas. Harina
- 1 cucharadita. perejil seco
- 1/2 cucharadita de romero seco picado
- 1/4 cucharadita de hojas secas de tomillo
- 1/8 cucharadita. Pimienta
- 1 1/2 a 2 tazas de judías verdes cortadas congeladas

PREPARACIÓN

1. Coloque capas de batatas y pavo en la olla de cocción lenta.

2. Combine la salsa, la harina, el perejil, el romero, el tomillo y la pimienta; mezcle hasta que quede suave. Vierta la mezcla de salsa sobre el pavo y las batatas.
3. Cubra y cocine a fuego alto durante 1 hora. Reduzca el fuego a bajo y cocine 5 horas más.
4. Agrega las judías verdes a la olla de cocción lenta; agitar. Tape y cocine de 1 a 2 horas, o hasta que el pavo esté tierno y el jugo salga claro.
5. Transfiera el pavo y las verduras a una fuente para servir con una espumadera.
6. Agregue la salsa y sirva con pavo y verduras.
7. Para 6

Olla de barro con pavo y arroz

INGREDIENTES

- 2 latas (10 3/4 onzas cada una) de crema de champiñones o crema de apio
- 2 1/2 tazas de agua
- 2 1/2 tazas de arroz blanco convertido y crudo
- 1 taza de apio en rodajas
- 1/4 taza de cebolla finamente picada
- 2 tazas de pavo cocido en cubitos
- 2 tazas de guisantes y zanahorias congelados
-

1 cucharadita de mezcla de condimentos para aves

PREPARACIÓN

1. Vierta la sopa y el agua en la olla de cocción lenta y revuelva para combinar bien. Agrega los demás ingredientes y mezcla. Cocine de 5 a 7 horas a temperatura baja o de 2 1/2 a 3 1/2 horas a temperatura alta. Verifique de vez en cuando para asegurarse de que el arroz no se empape. Sirve 8.

Pechuga De Pavo Fácil En Olla De Cocción Lenta

INGREDIENTES

-
1 pechuga de pavo, aproximadamente 5 libras

-
1/2 taza (4 onzas) de mantequilla derretida

-
sal y pimienta

- 2 cucharadas de maicena mezcladas con 2 cucharadas de agua
- 1/2 a 1 taza de caldo de pollo, si es necesario

PREPARACIÓN

1. Espolvorea la pechuga de pavo con sal y pimienta y colócala en una olla de cocción lenta grande. Vierta la mantequilla derretida sobre el pavo.
2. Tape y cocine a temperatura ALTA durante 6 a 7 horas, o hasta que el pavo esté dorado y suelte el jugo al pincharlo con un cuchillo.
3. Vierta los jugos de la olla de cocción lenta en una cacerola. Llevar a ebullición lentamente, luego agregar la mezcla de maicena y agua. Agregue un poco de caldo de pollo, aproximadamente de 1/2 a 1 taza, dependiendo de la cantidad de líquido que quede en la olla.
4. Batir a fuego medio-bajo hasta que quede suave y espeso.

Pastel de tamal con pavo molido

INGREDIENTES

- 1 libra de pavo molido
- 3/4 taza de harina de maíz amarillo
- 1 1/2 tazas de leche
- 1 huevo batido
- 1 paquete (1 1/4 onzas) de condimento para chile
- 1 lata (11 a 16 onzas) de maíz entero, escurrido
- 1 lata (14,5 a 16 onzas) de tomates, picados
-

1 taza de queso rallado

PREPARACIÓN

1. Dorar el pavo y escurrirlo bien. En un bol mezclar la harina de maíz, la leche y el huevo. Agrega la carne escurrida, la mezcla de chiles secos, los tomates y el maíz. Agitar. Vierta en una olla de cocción lenta de 3 1/2 cuartos o más. Tape y cocine 1 hora a temperatura alta, luego baje a temperatura baja y cocine 3 horas a temperatura baja. Espolvorea con queso. Cocine otros 5-10 minutos.
2. Para 6.

barbacoa de pavo

INGREDIENTES

- 2 a 3 libras de chuletas o chuletas de pavo

- 2 pimientos verdes, o una combinación de rojo, amarillo y verde, cortados en tiras

- 1 cucharadita de sal de apio

- Una pizca de pimienta

- 1 o 2 cucharadas de cebolla finamente picada o 2 cucharaditas de cebolla seca picada

-
2 tazas de salsa barbacoa espesa

PREPARACIÓN

1. Espolvorea las chuletas de pavo con sal y pimienta. Hornear a 350° durante 1 hora tapado. Descubra el color más oscuro que desee. Mientras tanto, combine la salsa barbacoa y la sal de apio en una olla de cocción lenta de 5 cuartos. Agrega los pimientos verdes y la cebolla. Tape y cocine a fuego alto mientras se cocina el pavo. Pica el pavo (en trozos pequeños a medianos al gusto) y agrégalo a la olla de cocción lenta. Tape y cocine a temperatura BAJA durante 4 horas o ALTA durante 2 horas.
2. Sirva con panecillos recién partidos.
3. La receta de pavo sirve de 4 a 6 personas.

Crockpot Türkiye y Quesadillas

INGREDIENTES

- 1 pechuga de pavo, aproximadamente 5 libras, con hueso
- 3/4 taza de perejil, cantidad dividida
- 1/2 taza de aceite vegetal
- 2 cucharadas de sal
- 2 cucharadas de pimienta negra
- 1 taza de vinagre de sidra de manzana

PREPARACIÓN

1. Coloque el pavo en una olla de cocción lenta grande. Agrega 1/2 taza de perejil picado, aceite vegetal, sal, pimienta y vinagre; vierta sobre la pechuga de pavo. Espolvorea el perejil restante por encima. Cocine de 4 a 4 1/2 horas a temperatura alta o de 8 a 9 horas a temperatura baja. Retirar de la olla de cocción lenta y dejar reposar 15 minutos antes de cortar.
2. Para 6.
3. Para hacer Ouesadillas de pavo: Caliente 1 cucharadita de aceite en una sartén a fuego medio. Coloque una tortilla de harina en la sartén y unte con aproximadamente 1/2 taza de la mezcla de queso estilo mexicano y 1/4 a 1/2 taza de pavo cortado en cubitos.
4. Cubra con una segunda tortilla. Cocine hasta que el queso comience a derretirse. Voltear con una espátula y dorar por el otro lado. Corta la quesadilla en cuartos y sírvela con la salsa.
5. Para 6

Pechuga de pavo con mermelada

INGREDIENTES

- pechuga de pavo (para colocar en la olla)
- 1 tarro de mermelada de naranja o mermelada de naranja y piña
- canela

PREPARACIÓN

1. Coloque una pechuga de pavo en la olla de cocción lenta, vierta 1 frasco de mermelada de naranja o piña/naranja sobre la pechuga y espolvoree un poco de canela encima. Cocine a fuego lento durante 6 a 8 horas o a fuego alto durante aproximadamente 4 horas.

Cazuela de pavo y brócoli en olla de cocción lenta

INGREDIENTES

- 8 onzas de champiñones
- 2 cucharadas de mantequilla
- 1 lata (10 3/4 onzas) de sopa de champiñones dorados condensada
- 5 cucharadas de mayonesa, aproximadamente 1/3 de taza
- 3 cucharadas de leche
- 1 cucharada de mostaza preparada
- 1/4 cucharadita de pimienta negra
- 4 tazas de pavo cocido en cubitos
- 16 onzas de brócoli cortado y congelado
- 1 taza de queso americano rallado
- 1/4 taza de almendras tostadas•, opcional

PREPARACIÓN

1. Rocíe el interior de la olla con aceite en aerosol o engrase ligeramente con mantequilla.
2. En una sartén a fuego medio-bajo, saltee los champiñones en rodajas en mantequilla hasta que estén tiernos. En una olla de cocción lenta, combine los champiñones, la sopa, la mayonesa, la leche, la mostaza y la pimienta. Agrega el pavo cortado en cubitos y el brócoli. Tapar y cocinar a baja temperatura durante 5 horas. Agrega el queso; tape y cocine 30 minutos más. Espolvorea con almendras tostadas, si lo deseas, justo antes de servir.
3. Para 6.

•Para tostar las nueces, extiéndelas en una sola capa sobre una bandeja para horno. Tuesta en un horno a 350°, revolviendo ocasionalmente, durante 10 a 15 minutos. O tueste en una sartén sin engrasar a fuego medio, revolviendo, hasta que estén dorados y aromáticos.

Pastel de pavo en olla de cocción lenta

INGREDIENTES

- 3 tazas de pollo o pavo cocido en cubitos
- 2 latas (14 1/2 onzas cada una) de caldo de pollo
- 1/2 cucharadita de sal
- 1/2 cucharadita de pimienta
- 1 tallo de apio, en rodajas finas
- 1/2 taza de cebolla picada
- 1 hoja de laurel pequeña
- 3 tazas de papas cortadas en cubitos
- 1 paquete de vegetales mixtos congelados (16 onzas)
- 1 taza de leche
- 1 taza de harina
- 1 cucharadita de pimienta negra
- 1/2 cucharadita de mezcla de condimentos para aves
- 1/2 cucharadita de sal
-
1 base de pastel refrigerada de 9 pulgadas

PREPARACIÓN

1. Combine el pollo, el caldo de pollo, 1/2 cucharadita de sal, 1/2 cucharadita de pimienta, apio, cebolla, laurel, papas y verduras mixtas en una olla de cocción lenta. Tape y cocine a temperatura baja de 7 a 9 horas o a temperatura alta de 3 1/2 a 4 1/2 horas. Retire la hoja de laurel.
2. Calienta el horno a 375°. En un tazón pequeño, mezcle la leche y la harina. Incorpora gradualmente la mezcla de harina y leche a la olla de cocción lenta. Mezcle la pimienta, el condimento para aves y la sal. Retire el revestimiento de la base de la olla de cocción lenta y coloque con cuidado la masa para pastel de 9 pulgadas sobre la mezcla.
3. **Coloque los platos en el horno precalentado y cocine (sin tapar) durante aproximadamente 15 a 20 minutos, o hasta que estén dorados. Si el revestimiento no se puede quitar o es demasiado grande para la base, coloque la mezcla en una cacerola, cubra con masa y hornee como se indica arriba.**
4. Sirve 8.

pavo con salsa

INGREDIENTES

- 1 a 1 1/2 libras de pechuga de pavo (cortada por la mitad si es grande) o chuletas de pavo en rodajas

- 1 paquete de salsa de pavo mixta (seca)

- 1 lata de sopa de champiñones (regular o 98% sin grasa)

- 1 cucharada de sopa de champiñones y cebolla (mezcla seca, aproximadamente 1/2 sobre), o use un poco

- cucharadas de cebolla picada y champiñones secos o enlatados

- Sal y pimienta para probar

PREPARACIÓN

1. Combine todos los ingredientes en Crock Pot; tape y cocine a fuego lento durante 6 1/2 a 8 horas. Servir con arroz o patatas.
2. Para 4 personas.

Turquía Madeira

INGREDIENTES

- 1 1/2 libras de pechuga de pavo
- 2 onzas de champiñones secos
- 3/4 taza de caldo de pollo
- 3 cucharadas de vino de Madeira
- 1 cucharada de jugo de limón
- Sal y pimienta para probar

PREPARACIÓN

1. Tapar y cocinar a fuego lento durante 6-8 horas. Si lo desea, espese los jugos con maicena y sirva con arroz.
2. Para 4 personas.

Muslos de pavo ranchero

INGREDIENTES

- 3 muslos de pavo

- Sal y pimienta

- 1 bolsa de salsa mixta para enchiladas

- 1 lata (6 oz) de pasta de tomate

- 1/2 taza de agua

- 2 tazas de queso Monterey Jack rallado

- 1/2 taza de crema agria

- 1/4 taza de cebollas verdes picadas

- 1 lata (4 onzas) de aceitunas maduras en rodajas

PREPARACIÓN

1. Corta cada pierna de pavo por la mitad y retira el hueso. Espolvorea el pavo con sal y pimienta y colócalo en la olla de cocción lenta.
2. Combine la salsa para enchiladas, la pasta de tomate y el agua; mezcle hasta que esté bien combinado. Extienda la mezcla de salsa sobre las piernas de pavo.
3. Tape y cocine a temperatura BAJA durante 6 a 7 horas, o hasta que el pavo esté tierno. Gire el control a ALTO; agregue el queso y continúe revolviendo hasta que el queso se derrita.
4. Transfiera a una fuente para servir y cubra con crema agria y cebollas verdes picadas.
5. Adorne con aceitunas maduras en rodajas.
6. Sirva con tortillas y arroz mexicano fácil, si lo desea.
7. Sirve de 4 a 6 porciones.

Cazuela Crockpot De Pavo Y Arroz

INGREDIENTES

- 2 latas (10 3/4 onzas cada una) de crema de champiñones condensada
- 3 tazas de agua
- 3 tazas de arroz blanco de grano largo convertido (crudo)
- 1 taza de apio en rodajas finas
- 2-3 tazas de pavo cocido en cubos
- 2 tazas de vegetales mixtos congelados (guisantes y zanahorias, mezcla oriental, etc.)
- 1 cucharadita de condimento para aves
- 1 cucharada de cebolla seca picada

PREPARACIÓN

1. Combine la sopa y el agua en una olla de cocción lenta. Agrega los demás ingredientes y mezcla bien. Tape y cocine de 6 a 7 horas a temperatura baja o de 3 a 3 1/2 horas a temperatura alta, hasta que el arroz esté tierno pero no blando.
2. Sirve de 4 a 6 porciones.

Estofado De Pavo Con Champiñones Y Crema Agria

INGREDIENTES

- 1 libra de costillas o chuletas de pavo, cortadas en tiras de 3 x 1 pulgada
- 1 cebolla mediana, partida por la mitad y en rodajas finas
- 3 cebollas verdes con hojas verdes, picadas
- 8 onzas de champiñones frescos rebanados
- 3 cucharadas de harina para todo uso
- 1 taza de leche o mitad y mitad
- 1 cucharadita de hojas secas de estragón, desmenuzadas
- 1 cucharadita de perejil seco
- 1 cucharadita de sal
- 1/8 de cucharadita de pimienta
- 1/2 taza de guisantes y zanahorias congelados
-

1/2 taza de crema agria

PREPARACIÓN

1. En una olla de cocción lenta, coloque capas de tiras de pavo, cebollas y champiñones. Cubra y cocine a temperatura BAJA durante 4 horas. Transfiera a un tazón para servir tibio, luego encienda la olla de cocción lenta a ALTA.
2. Combine la harina y la leche hasta que la harina se haya disuelto y la mezcla esté suave; agregue los jugos en la olla de cocción lenta. Agrega el estragón, el perejil, la sal y la pimienta. Regrese el pavo y las verduras a la olla; agrega las verduras congeladas. Tape y cocine a temperatura ALTA durante 1 hora, o hasta que la salsa espese y las verduras estén cocidas.
3. Si lo desea, agregue crema agria justo antes de servir. Sirva sobre arroz o tostadas, si lo desea.
4. Para 4 personas.

Tetrazzini de pavo fácil en Crockpot

INGREDIENTES

-
- 1 taza de agua caliente
- 1 lata (10 3/4 onzas) de sopa de pollo o crema de pollo con hierbas
- 1 lata (4 onzas) de champiñones, con líquido
- 2 cucharadas de chile picado
- 2 tazas de pavo cocido en cubitos
- 1 taza de queso cheddar rallado
- 1/4 taza de cebolla finamente picada
- 1 cucharadita de hojuelas de perejil seco
- una pizca de nuez moscada
- 2 tazas de espaguetis crudos partidos

PREPARACIÓN

1. Rocíe el interior de la olla de cocción lenta con aceite en aerosol aromatizado. En un bol, combine el agua, la sopa, los champiñones con el líquido y el chile. Agrega el pavo, el queso, la cebolla, el perejil y la nuez moscada. Agrega los espaguetis partidos. Revuelva para combinar y vierta en la olla. Tape y cocine a temperatura BAJA durante 4 a 6 horas, hasta que los espaguetis estén tiernos. Mezclar antes de servir. Sirve de 4 a 6 porciones.

Salsa de espagueti de Vickie con salchicha de pavo

INGREDIENTES

- 180 g de pasta de tomate
- 16 onzas de tomates guisados
- 8 onzas de salsa de tomate
- 28 onzas de tomates, enlatados, escurridos
- 1/2 vaso de vino tinto
- 1/2 taza de agua
- 1/2 cucharadita de azúcar
- 1/8 cucharadita de hojas secas de orégano
- 1/8 cucharadita de hojas secas de albahaca
- 1 hoja de laurel
- 1 1/2 cucharaditas de condimento italiano
- 1 cucharadita de chile en polvo
- 2 cucharaditas de ajo picado
- 1 libra de pechuga de pavo, cocida y cortada en cubitos
- 1/2 libra de salchicha italiana de pavo, cocida y en rodajas
- 2 cebollas, rebanadas
- 1 pimiento morrón, rebanado
- 1/2 cucharadita de sal, opcional

PREPARACIÓN

1. Combine todos los ingredientes en la olla de cocción lenta. Cubra y cocine a temperatura BAJA durante 8 a 10 horas.
2. Para 10 a 12 porciones. Se puede congelar.

Pechuga de pavo estofada en vino

INGREDIENTES

- 1 pechuga de pavo entera deshuesada (alrededor de 3 libras)
- 1 cebolla mediana, partida por la mitad y en rodajas finas
- 1/2 cucharadita de tomillo
- 1 diente de ajo grande, en rodajas finas
- Sal y pimienta para probar
- 1/4 taza de vino de Madeira
- 1 cucharada de miel
- 1 a 2 onzas de champiñones secos, como porcini, remojados en 1/4 taza de agua
- 1 cucharada de maicena mezclada con 2 cucharadas de agua fría

PREPARACIÓN

1. Retire la pechuga de pavo del envoltorio y la red y enjuáguela con agua fría; seco. Coloque la pechuga de pavo en la olla de cocción lenta; agregue la cebolla, el tomillo, el ajo, la sal y la pimienta, el vino, la miel y los champiñones con el líquido de remojo. Tapar y cocinar a fuego lento durante 8-10 horas. Durante los últimos 30 minutos, vierte el líquido en un recipiente para quitar el exceso de grasa, si lo deseas, y regresa el caldo a la olla. Agregue la mezcla de maicena y continúe cocinando hasta que quede suave y espesa.
2. Sirve de 5 a 6 porciones.

manzana betty

INGREDIENTES

- 3 libras para cocinar manzanas, Roma, Granny Smith, Jonathan, etc.
- 10 rebanadas de pan, en cubitos, aproximadamente 4 tazas de cubitos de pan
- 1/2 cucharadita. canela en polvo
- 1/4 cucharadita. Nuez moscada
- 1/8 cucharadita. sal
- 3/4 taza de azúcar morena, envasada
- 1/2 taza de mantequilla derretida

PREPARACIÓN

1. Lavar las manzanas, pelarlas, quitarles el corazón y cortarlas en octavos. Deberías tener entre 7 y 8 tazas de manzanas en rodajas. Coloque las rodajas de manzana en el fondo de la olla untada con mantequilla. Combina los cubitos de pan con canela, nuez moscada, sal, azúcar, mantequilla; hacer rápidamente. Coloque las manzanas en la vasija encima. Cubra y cocine a temperatura BAJA durante 2 1/2 a 4 horas.
2. Para 6.

Mantequilla de manzana

INGREDIENTES

- 7 tazas de puré de manzana, natural

- 2 tazas de sidra de manzana

- 1 1/2 tazas de miel

- 1 cucharadita de canela molida

- 1/4 cucharadita de clavo molido, opcional

- 1/2 cucharadita de pimienta de Jamaica

PREPARACIÓN

1. En una olla de cocción lenta, combine todos los ingredientes. Cubra y cocine a temperatura BAJA durante 14 a 15 horas o hasta que la mezcla esté dorada.
2. Vierta la mantequilla de manzana caliente en frascos esterilizados calientes y ciérrelos, luego procese pinta o pintas durante 10 minutos en un baño de agua hirviendo.
3. Rinde 4 pintas u 8 frascos de media pinta.

xCrujiente de manzana y coco

INGREDIENTES

- 4 manzanas Granny Smith grandes, sin corazón, peladas y picadas (aproximadamente 4 tazas)
- 1/2 taza de coco rallado endulzado
- 1 cucharada de harina
- 1/3 taza de azúcar morena
- 1/2 taza de caramelo o cobertura de helado de caramelo (sin grasa está bien)
- 1/2 cucharadita de canela
- 1/3 taza de harina
- 1/2 taza de avena rápida
-
2 cucharadas de mantequilla

PREPARACIÓN

1. En una fuente para hornear de 1 1/2 cuartos que quepa en la olla de cocción lenta/Crock Pot, combine las manzanas con el coco, 1 cucharada de harina, 1/3 taza de azúcar morena y canela. Sazone con la cobertura de helado. Combine los ingredientes restantes en un tazón pequeño con un tenedor o un cortador de masa y espolvoree sobre la mezcla de manzana. Tape y cocine a temperatura alta durante 2 1/2-3 horas, hasta que las manzanas estén tiernas. Servir caliente con helado de vainilla o nata montada.

Crujiente de manzana y arándanos

INGREDIENTES

- 3 manzanas grandes, peladas, sin corazón y cortadas en rodajas
- 1 taza de arándanos
- 3/4 taza de azúcar morena
- 1/3 taza de copos de avena (cocción rápida)
- 1/4 cucharadita. sal
- 1 cucharadita. canela
- 1/3 taza de mantequilla, ablandada

PREPARACIÓN

1. Coloca las rodajas de manzana y los arándanos en la olla de cocción lenta. Mezcle los ingredientes restantes en un tazón; espolvorea sobre manzana y arándanos. Coloque 4 o 5 toallas de papel encima de la olla de cocción lenta y coloque un utensilio, como una cuchara de madera, encima para evitar que la tapa se selle herméticamente. Pon la funda encima. Esto permite que el vapor escape. Encienda la olla de cocción lenta y cocine durante aproximadamente 2 horas.
2. Para 4 personas.

Compota De Manzana Y Arándanos

INGREDIENTES

- 6 manzanas para cocinar, peladas, sin corazón y cortadas en rodajas
- 1 taza de arándanos frescos
- 1 taza de azúcar granulada
- 1/2 cucharadita de ralladura de naranja
- 1/2 taza de agua
- 3 cucharadas de oporto o jugo de naranja
- crema (opcional

PREPARACIÓN

1. Coloca las rodajas de manzana y los arándanos en la olla de cocción lenta. Espolvorea azúcar sobre la fruta. Agrega la ralladura de naranja, el agua y el vino. Revuelva para combinar los ingredientes. Tape y cocine a temperatura BAJA durante 4 a 6 horas, hasta que las manzanas estén tiernas. Sirva la fruta tibia con los jugos, adornada con crema, si lo desea.
2. Para 6.

Budín de manzana y dátiles

INGREDIENTES

- 5 manzanas Jonathan o Granny Smith, peladas, sin corazón y cortadas en cubitos (u otras manzanas para cocinar)
- 3/4 taza de azúcar granulada
- 1/2 taza de dátiles picados
- 1/2 taza de nueces pecanas tostadas y picadas •
- 2 cucharadas de harina
- 1 cucharadita de polvo para hornear
- 1/8 de cucharadita de sal
- 1/4 cucharadita de nuez moscada
- 1/4 cucharadita de canela
- 2 cucharadas de mantequilla derretida
- 1 huevo batido

PREPARACIÓN

1. En la olla de cocción lenta, coloque las manzanas, el azúcar, los dátiles y las nueces; revuelve para combinar. En un recipiente aparte, combine la harina, el polvo para hornear, la sal, la nuez moscada y la canela; Incorpora la mezcla de manzana. Vierta la mantequilla derretida sobre la mezcla y mezcle. Incorporar el huevo batido. Cubra y cocine a temperatura BAJA durante 3 a 4 horas. Servir caliente.
2. •Para tostar las nueces, extiéndelas en una sola capa sobre una bandeja para horno. Tuesta en un horno a 350°, revolviendo ocasionalmente, durante 10 a 15 minutos.
3. O tueste en una sartén sin engrasar a fuego medio, revolviendo, hasta que estén dorados y aromáticos.

Tarta de queso con manzana y nueces

INGREDIENTES

-

Corteza:

- 1 taza (una cantidad escasa) de galletas Graham molidas
- 1/2 cucharadita de canela
- 2 cucharadas de azúcar
- 3 cucharadas de mantequilla derretida
- 1/4 taza de nueces pecanas o nueces finamente picadas

-

Relleno:

- 16 onzas de queso crema
- 1/4 taza de azúcar morena
- 1/2 taza de azúcar blanca granulada
- 2 huevos grandes
- 3 cucharadas de crema para batir espesa
- 1 cucharada de fécula de maíz
- 1 cucharadita de vainilla

-

Empaquetadura:

- 1 manzana grande, en rodajas finas (aproximadamente 1 1/2 tazas)
- 1 cucharadita de canela
- 1/4 taza de azúcar

- 1 cucharada de nueces pecanas o nueces finamente picadas

PREPARACIÓN

1. Combine los ingredientes de la corteza; Coloque en un molde desmontable de 7 pulgadas.
2. Batir los azúcares con el queso crema hasta que quede suave y cremoso. Incorpora los huevos, la nata para montar, la maicena y la vainilla. Batir durante unos 3 minutos a velocidad media con una batidora de mano eléctrica. Vierta la mezcla en la base preparada.
3. Combina las rodajas de manzana con el azúcar, la canela y las nueces; coloque la cobertura uniformemente encima del pastel de queso. Coloque la tarta de queso sobre una rejilla (o "anillo" de papel de aluminio para mantenerla alejada del fondo del molde) en la olla de barro.
4. Tape y cocine a temperatura alta durante 2 1/2-3 horas.
5. Déjelo reposar en la olla tapada (después de apagarla) durante aproximadamente 1 a 2 horas, hasta que se enfríe lo suficiente como para manipularlo.
6. Deje enfriar completamente antes de quitar los lados del molde.
7. Deje enfriar antes de servir; guarde las sobras en el refrigerador.
8. Horno: Hornee a 325°F durante aproximadamente 45 minutos a 1 hora, luego apague el horno y déjelo enfriar en el horno durante aproximadamente 4 horas.

Pastel De Manzana Y Café

INGREDIENTES

- Mezcla de manzana:

- 1 lata (20 oz) de relleno de tarta de manzana, con rodajas de manzana ligeramente partidas

- 1/2 cucharadita de canela

- 3 cucharadas de azúcar moreno

- .

- La masa de pastel:

- 2 mezclas para pastel amarillas pequeñas (Jiffy - 9 oz cada una)

- 2 huevos batidos

- 1/2 taza de crema agria (ligera)

- 3 cucharadas de mantequilla o margarina blanda

- 1/2 taza de leche evaporada

- 1/2 cucharadita de canela

- 1 cucharadita de mantequilla o margarina para engrasar la olla de cocción lenta

PREPARACIÓN

1. Combine los ingredientes para la mezcla de manzana en un tazón pequeño. Combine los ingredientes de la masa; mezclar bien. Unte con mantequilla generosamente los lados y el fondo de una olla de cocción lenta o de barro de 3 1/2 cuartos. Extienda aproximadamente la mitad de la mezcla de manzana sobre el fondo de la sartén. Vierta la mitad de la

mezcla sobre la mezcla de manzana. Vierta el resto de la mezcla de manzana sobre la masa y luego cubra con la masa restante. Tapar y cocinar a máxima potencia durante 2 a 2 horas y media.
2. Apagar el fuego, dejar la tapa entreabierta y dejar enfriar durante unos 15 minutos. Invierta en un plato, recogiendo las manzanas que quedan en el fondo del molde y colocándolas encima del bizcocho. Rinde un pastel de aproximadamente 7 pulgadas de diámetro y 3 1/2 pulgadas de alto.

Variantes:

1. Sustituya el relleno de tarta por melocotón u otro relleno

3. Agregue nueces o nueces picadas a la mezcla de manzana.

Pastel de pudín de manzana

INGREDIENTES

- 2 tazas de azúcar granulada
- 1 taza de aceite vegetal
- 2 huevos
- 2 cucharaditas de extracto de vainilla
- 2 tazas de harina para todo uso
- 1 cucharadita de bicarbonato de sodio
- 1 cucharadita de nuez moscada
- 2 tazas de manzanas cocidas, sin pelar, sin corazón y finamente picadas
-
1 taza de nueces picadas

PREPARACIÓN

1. En un tazón grande, bata el azúcar, el aceite, los huevos y la vainilla. Agrega la harina, el refresco y la nuez moscada; mezclar bien.
2. Rocíe una lata de dos libras con aceite en aerosol o engrase y enharínela bien, o use otra bandeja para hornear que se ajuste a la olla de cocción lenta.
3. Vierte la mezcla en una lata o sartén, llenando hasta 2/3.
4. Colóquelo en Crock-Pot o en una olla de cocción lenta. No agregue agua a la olla.
5. Tapar pero dejar entreabierto para que escape el vapor.
6. Cocine a temperatura alta de 3 1/2 a 4 horas. No mires antes de la última hora de cocción.
7. El bizcocho estará listo cuando la parte superior esté lista.
8. Dejar reposar unos minutos antes de volcarlo en un plato. Sirva con cobertura batida, crema batida endulzada o una salsa dulce.

Pan de albaricoque y nueces

INGREDIENTES

- 3/4 taza de orejones
- 1 taza de harina
- 2 cucharaditas de polvo para hornear
- 1/4 cucharadita de bicarbonato de sodio
- 1/2 cucharadita de sal
- 1/2 taza de azúcar granulada
- 1/2 taza de harina integral
- 3/4 taza de leche
- 1 huevo, ligeramente batido
- 1 cucharada de ralladura de naranja
- 1 cucharada de aceite vegetal
- 1 taza de nueces pecanas picadas en trozos grandes

PREPARACIÓN

1. Coloca los albaricoques en una tabla de cortar y espolvoréalos con 1 cucharada de harina. Pasar un cuchillo por la harina y picar finamente los orejones. Enharine el cuchillo con frecuencia para evitar que los albaricoques se peguen. Tamice el resto de la harina, el polvo para hornear, el bicarbonato de sodio, la sal y el azúcar en un tazón grande. Incorporar la harina integral. Combina la leche, el huevo, la ralladura de naranja y el aceite. Incorpora la mezcla de harina.
2. Agregue los albaricoques picados, la harina que quede en la tabla de cortar y las nueces picadas. Vierta en una bandeja para hornear bien engrasada y enharinada u otra fuente para hornear resistente al calor o cazuela que se ajuste a la olla de cocción lenta. Cubra y coloque sobre una rejilla (o papel de aluminio arrugado) en la olla de cocción lenta, pero abra ligeramente la tapa con un trozo de papel para dejar escapar el exceso de vapor. Cocine el pan de albaricoque y nueces a temperatura alta durante 4-6 horas. Dejar enfriar sobre una rejilla durante 10 minutos. Servir tibio o frío.
3. Para 4-6 porciones.

manzanas cocidas

INGREDIENTES

- 6 manzanas grandes para cocinar
- 3/4 taza de jugo de naranja
- 2 cucharaditas de ralladura de naranja
- 1 cucharadita de ralladura de limón
- 3/4 taza de jugo de manzana y rubor o arándano
- 1/4 cucharadita de canela
- 1/2 taza de azúcar moreno claro
- crema batida

PREPARACIÓN

1. Retire los corazones de las manzanas y colóquelas en una olla de cocción lenta. En un tazón pequeño, combine el jugo de naranja, la cáscara de naranja rallada, la cáscara de limón rallada, el vino o jugo, la canela y el azúcar moreno. Vierta sobre las manzanas. Tape la olla y cocine a fuego lento durante aproximadamente 3 1/2 horas, o hasta que las manzanas estén tiernas. Dejar enfriar un poco y servir con nata montada o nata montada.

Manzanas al horno II

INGREDIENTES

- 6 a 8 manzanas medianamente cocidas (McIntosh, Rome Beauty, Granny Smith, Fuji, Jonathan, etc.)
- 2 o 3 cucharadas de pasas
- 1/4 taza de azúcar granulada
- 1 cucharadita de canela, dividida
- 2 cucharadas de mantequilla, cortada en trozos pequeños

PREPARACIÓN

1. Retire un poco de la cáscara de la parte superior de las manzanas y deseche los corazones.
2. En un bol mezcla las pasas, el azúcar y 1/2 cucharadita de canela; llenar el centro de las manzanas.
3. Coloca las manzanas en la olla de cocción lenta y espolvorea con la canela restante. Cubrir con los trozos de mantequilla.
4. Vierta 1/2 taza de agua caliente alrededor de las manzanas.
5. Tape y cocine a temperatura BAJA durante 6 a 8 horas, hasta que las manzanas estén tiernas.

natillas al horno

INGREDIENTES

- 3 huevos, ligeramente batidos
- 1/3 taza de azúcar granulada
- 1 cucharadita de vainilla
- 2 tazas de leche
-

1/4 cucharadita de nuez moscada molida

PREPARACIÓN

1. En un bol, combine los huevos, el azúcar, la vainilla y la leche; mezclar bien. Vierta en una fuente para hornear o en un molde para soufflé de 1 o 1 1/2 cuartos ligeramente untado con mantequilla que quepa en la olla de cocción lenta y espolvoree con nuez moscada. Coloque una rejilla o un anillo de papel de aluminio en la olla de cocción lenta, luego agregue de 1 1/2 a 2 tazas de agua caliente a la olla. Cubra la fuente para hornear con papel de aluminio y colóquela sobre la rejilla de la olla de cocción lenta. Tape y cocine a temperatura alta durante 2 1/2-3 horas o hasta que cuaje.
2. Sirve de 4 a 6 porciones.

Pan de banana

INGREDIENTES

- 1/3 taza de manteca

- 1/2 taza de azúcar

- 2 huevos

- 1 3/4 tazas de harina

- 1 cucharadita de polvo para hornear

- 1/2 cucharadita de sal

- 1/2 cucharadita de bicarbonato de sodio

- 1 taza de plátanos triturados

- 1/2 taza de pasas o dátiles picados

- 1/2 taza de nueces pecanas picadas, opcional

PREPARACIÓN

1. En un bol, mezcle la grasa y el azúcar; Añadir los huevos y batir bien. Agrega los ingredientes secos alternativamente con el puré de plátano; agregue las pasas o dátiles picados y las nueces picadas, si las usa. Engrasa una lata de 4 tazas y vierte la masa en ella. Cubre la parte superior de la lata con 6 a 8 capas de toallas de papel; y colocar sobre una rejilla en una estufa. Cubra la olla y cocine a temperatura ALTA durante 2 a 3 horas (o hasta que el pan esté cocido). Compartido en el foro.

Pan de plátano y nuez

INGREDIENTES

- 1 taza de mantequilla o margarina

- 2 tazas de azúcar

- 4 huevos

- 1/4 cucharadita de sal

- 2 cucharaditas de refresco

- 4 tazas de harina

- 6 plátanos grandes, muy maduros, triturados

- 1 taza de nueces pecanas finamente picadas

PREPARACIÓN

1. Batir la mantequilla y el azúcar. Agrega los huevos, uno a la vez, batiendo después de cada adición. Tamizar los ingredientes secos; agregar a la mezcla cremosa. Agrega los plátanos picados y las nueces.
2. Vierta la masa de pan de plátano y nueces en 2 moldes para hornear bien engrasados; hornee a 325° durante aproximadamente 1 hora y 15 minutos, o hasta que al

insertar un palillo en el centro, éste salga limpio. Esta receta de pan de plátano y nueces rinde 2 panes.

plátanos confitados

INGREDIENTES

- 6 plátanos maduros pero firmes, pelados
- 1/2 taza de coco rallado
- 1/2 cucharadita de canela molida
- 1/4 cucharadita de sal
- 1/2 taza de jarabe de maíz oscuro
- 1/4 taza de mantequilla, derretida
- 1 cucharada de ralladura de limón
- 3-4 cucharadas de jugo de limón (1 limón mediano)

PREPARACIÓN

1. Coloca los plátanos pelados en el fondo de la olla; espolvorea con coco, canela y sal.
2. Combine el jarabe de maíz oscuro, la mantequilla, la ralladura de limón y el jugo; vierta sobre la capa de plátano.
3. Cubra y cocine a temperatura BAJA durante 1 1/2 a 2 horas.

manzanas carmel

INGREDIENTES

- 2 paquetes (14 oz cada uno) de dulces
- 1/4 taza de agua
- 8 manzanas medianas, como McIntosh, Gala o Fuji
-

palitos de manzana

PREPARACIÓN

1. En una olla de cocción lenta, combine los dulces y el agua. Tape y cocine a temperatura alta durante 1 a 1 1/2 horas, o hasta que el caramelo se derrita, revolviendo con frecuencia.
2. Mientras tanto, forre una bandeja para hornear con papel de horno; unte con mantequilla el papel.
3. Lavar y secar las manzanas. Inserta un palito en el extremo del tallo de cada manzana. Reduzca el fuego de la olla eléctrica a BAJO.
4. **Nota:** Si el caramelo se quema, pásalo por un colador de malla y desecha las partículas oscuras.
5. Coloque la salsa en una cacerola o vuelva a colocarla en la olla de cocción lenta limpia y manténgala caliente mientras moja las manzanas.
6. Sumerge la manzana en el caramelo caliente; Gire para cubrir toda la superficie. Sosteniendo la manzana sobre la sartén, raspe el exceso de caramelo de la manzana de abajo.
7. Coloque las manzanas recubiertas sobre papel encerado preparado en el molde. A medida que te acerques al fondo

de la sartén, usa una cuchara para verter el caramelo caliente sobre las manzanas. Coloca la bandeja de manzanas tapadas en el frigorífico para que se endurezca bien. Preste atención si los niños ayudan; La olla probablemente estará bastante caliente al tacto y el caramelo podría quemarse.
8. Para 8 manzanas caramelizadas.

Fondue de ron y caramelo

INGREDIENTES

-
- 1 bolsa (14 oz) onzas de caramelo
- 2/3 taza de crema espesa o crema para batir
- 1/2 taza de malvaviscos en miniatura
- 2 o 3 cucharaditas de ron o 1/2 cucharadita de extracto de ron

PREPARACIÓN

1. Combine los dulces y la crema para batir en la olla de cocción lenta. Tape y cocine a fuego BAJA hasta que el caramelo se derrita, aproximadamente 1 1/2 horas. Agrega los malvaviscos y el saborizante de ron hasta que estén bien combinados. Tapar y continuar cocinando por unos 30 minutos más.
2. Sirva con gajos de manzana, cubitos de bizcocho o úselo como salsa para pan de jengibre o helado.

Crujiente de cereza

INGREDIENTES

- 1 lata (21 onzas) de relleno de pastel de cerezas
- 2/3 taza de azúcar moreno
- 1/2 taza de avena de cocción rápida
- 1/2 taza de harina
- 1 cucharadita de vainilla
- 1/3 taza de mantequilla, ablandada

PREPARACIÓN

1. Unte ligeramente con mantequilla una olla de cocción lenta o de barro de 3 1/2 cuartos. Coloque el relleno de pastel de cerezas en la olla de cocción lenta o de barro. Agrega los ingredientes secos a la vainilla y mezcla bien; corta la mantequilla con un cortapastas o un tenedor. Espolvoree las migajas sobre el relleno de pastel de cerezas. Cocine durante 5 horas a fuego lento.

Racimos de chocolate

INGREDIENTES

- 2 libras de corteza de almendra blanca o chocolate blanco para mojar
- 4 onzas de chocolate dulce alemán o chocolate con leche para mojar
- 1 paquete de chispas de chocolate semidulce (12 onzas)
-

24 onzas de maní tostado seco

PREPARACIÓN

1. Coloca todos los ingredientes en la olla; tapar y cocinar a máxima potencia durante 1 hora. No mezclar. Baje la olla y revuelva cada 15 minutos durante una hora más. Desenrollar sobre papel de horno y dejar enfriar. Guarde los dulces en un recipiente bien tapado.

Rollos de nueces y caramelo de vasija

INGREDIENTES

- 2 tubos (de 7 a 8 onzas cada uno) de galletas refrigeradas •
- 3/4 taza de azúcar morena envasada
- 1 cucharadita de canela molida
- 1/4 taza de nueces pecanas o nueces finamente picadas
-
6 cucharadas de mantequilla derretida

PREPARACIÓN

1. Unte generosamente con mantequilla un inserto de olla de cocción lenta de 3 a 4 cuartos de galón o una cacerola o fuente para hornear que quepa en una olla de cocción lenta más grande.
2. Mezcle el azúcar moreno, la canela y las nueces picadas.
3. Sumerja cada galleta de refrigerador en la mantequilla derretida para cubrirla, luego en la mezcla de azúcar morena, canela y nueces.
4. Coloque en capas el inserto preparado o la fuente para hornear para la olla de cocción lenta.
5. Espolvorea el resto de la mezcla de azúcar morena encima.
6. Cocine a temperatura alta durante 1 1/2 a 2 horas, hasta que las galletas estén bien cocidas.

7. Me quité el mío después de aproximadamente 1 hora y 45 minutos. Fueron cocinados, pero las temperaturas de la olla de cocción lenta pueden variar.
8. Utilicé 8 de mis galletas congeladas, descongeladas y cortadas por la mitad horizontalmente, en capas en una olla de 3 cuartos (en la foto). Un molde para hornear redondo o ovalado más grande facilitaría sacar las galletas en una sola pieza.
9. También puedes utilizar pequeñas galletas caseras o alrededor de medio kilo de masa de pan descongelada, cortada en 16 a 20 trozos.

Mantequilla De Manzana Crockpot

INGREDIENTES

- manzanas, peladas, sin corazón y cortadas en cuartos, para llenar una olla de 4 cuartos de 1 1/2 a 2 pulgadas de la parte superior
- 4 cucharaditas. canela
- 1/2 cucharadita de clavo
- 1/2 cucharadita de sal
- 3 tazas de azúcar
- 4 cucharadas de agua

PREPARACIÓN

1. Combine todos los ingredientes en una olla de cocción lenta. Tape y cocine a temperatura ALTA hasta que esté caliente, luego cambie a BAJA y cocine todo el día (de 7 a 10 horas). Cuando esté listo y las manzanas estén completamente cocidas, coloque pequeñas cantidades en el procesador de alimentos y mezcle hasta que quede suave.
2. NOTA: Si está enlatando, colóquelo en frascos limpios y esterilizados y séllelos mientras esté caliente, luego procese medio litro o medio litro durante 5 minutos en una envasadora con agua hirviendo. De 1001 pies a 6000 pies, procese durante 10 minutos y por encima de 6000 pies, 15 minutos.

Mantequilla de manzana Crockpot II

INGREDIENTES

- 7 tazas de puré de manzana, natural
- 2 tazas de sidra de manzana
- 1 1/2 tazas de miel
- 1 cucharadita de canela molida
- 1/4 cucharadita de clavo molido, opcional
-

1/2 cucharadita de pimienta de Jamaica

PREPARACIÓN

1. En una olla de cocción lenta, combine todos los ingredientes. Cubra y cocine a temperatura BAJA durante 14 a 15 horas o hasta que la mezcla esté dorada.
2. Vierta la mantequilla de manzana caliente en frascos esterilizados calientes y ciérrelos, luego procese pinta o pintas durante 10 minutos en un baño de agua hirviendo.
3. Rinde 4 pintas u 8 frascos de media pinta.

Postre crujiente de manzana Crockpot

INGREDIENTES

- 6 manzanas medianamente cocidas, peladas, sin corazón y cortadas en rodajas
- 1 1/2 tazas de harina
- 1 taza de azúcar morena envasada
- 1 cucharada de canela
- 1/2 cucharadita de nuez moscada
- 1/4 cucharadita de jengibre
- 3/4 taza de mantequilla, ablandada

Sugerencias de relleno:

- Helado de vainilla
- Cerezas marrasquino
- Crema batida o cobertura batida

PREPARACIÓN

1. Unte generosamente con mantequilla la olla de barro (olla de cocción lenta). Coloca las rodajas de manzana en el fondo de la sartén. En un bol, combine la harina, el azúcar, las especias y la mantequilla con los dedos o un tenedor hasta que se desmorone.
2. Cubre las manzanas con la mezcla desmenuzada. Presione ligeramente.
3. Cocine a temperatura ALTA durante 3 a 4 horas o hasta que las manzanas estén tiernas.
4. Sirva en platos de postre con cualquiera o todos los ingredientes sugeridos.
5. ¡Buen provecho en un día fresco y fresco de otoño!

Budín de pan crockpot

INGREDIENTES

- 5 huevos batidos
- 3 1/2 tazas de leche
- 2 cucharaditas de vainilla
- 2 cucharadas (¡sí!) de canela molida
- 1/2 cucharadita de sal
- 6 tazas de pan rallado (o más para hacer una mezcla espesa como avena cocida cuando se mezcla con todos los ingredientes)
- 3/4 taza de azúcar morena envasada
- 1 cucharada de mantequilla o margarina, derretida
- 1/2 taza de pasas (opcional)
- Un plátano machacado o en rodajas (opcional)

PREPARACIÓN

1. Mezcle todos los ingredientes hasta que el pan rallado esté completamente húmedo y la mezcla quede suave como avena espesa. Coloque la mezcla en una olla de cocción lenta generosamente engrasada. Cocine a fuego alto durante 4 a 5 horas, o hasta que al insertar un cuchillo en el centro, éste salga completamente limpio.
2. NOTA: Durante la última media hora de cocción, levante la tapa un poco colocando una cuchara o tenedor entre ella y la olla, para permitir que escape el exceso de humedad; de lo contrario, quedará un líquido claro alrededor del budín de pan.

Budín de pan Crockpot II

INGREDIENTES

- 5 huevos batidos
- 3 1/2 tazas de leche
- 2 cucharaditas de vainilla
- 2 cucharadas (¡sí!) de canela molida
- 1/2 cucharadita de sal
- 6 tazas de pan rallado (o más para hacer una mezcla espesa como avena cocida cuando se mezcla con todos los ingredientes)
- 3/4 taza de azúcar morena envasada
- 1 cucharada de mantequilla o margarina, derretida
- 1/2 taza de pasas (opcional)
- Un plátano machacado o en rodajas (opcional)

PREPARACIÓN

1. Mezcla todos los ingredientes hasta que el pan rallado esté completamente húmedo y la mezcla quede suave como avena espesa. Coloque la mezcla en una olla de cocción lenta generosamente engrasada. Cocine a fuego alto durante 4 a 5 horas, o hasta que al insertar un cuchillo en el centro, éste salga completamente limpio.
2. NOTA: Durante la última media hora de cocción, levante la tapa un poco colocando una cuchara o tenedor entre ella y la olla, para permitir que escape el exceso de humedad; de lo contrario, quedará un líquido claro alrededor del budín de pan.

Caramelo de olla de cocción lenta

INGREDIENTES

- 2 libras. corteza de almendra blanca

- 4 onzas de chocolate para mojar, chocolate con leche o corteza de chocolate y almendras

- 12 onzas. paquete de chispas de chocolate semidulce

- 2 1/2 tazas de maní tostado seco

-
1 taza de pasas

PREPARACIÓN

1. Combine la corteza de almendra, el chocolate con leche, las chispas de chocolate y el maní en una olla eléctrica. Cambie a BAJO y revuelva cada 15 minutos durante 45 minutos. Agrega las pasas y cocina 15 minutos más.
2. Desenrollar sobre papel de horno y dejar enfriar. Una vez firme, guárdelo en un recipiente hermético.

Arándanos en olla de barro

INGREDIENTES

- 1 libra de arándanos frescos

- 2 tazas de azúcar granulada

- 1/4 taza de agua

PREPARACIÓN

1. Combine los arándanos con el azúcar y el agua en una olla de barro, cubra y cocine a temperatura alta durante 2 a 3 horas hasta que los arándanos comiencen a reventar. Sirva con pavo, cerdo o pollo.

Pudín de pan con canela y naranja Crockpot

INGREDIENTES

- 6 rebanadas de pan, de aproximadamente 6 onzas, cortadas en trozos pequeños
- 1/2 taza de pasas doradas u oscuras
- 1 lata (12 onzas) de leche evaporada
- 4 huevos grandes
- 2 cucharadas de mantequilla derretida
- 6 onzas de jugo de naranja concentrado
- 4 huevos grandes
- 1 taza de azúcar
- 1/2 cucharadita de canela molida
-
1 cucharada de extracto de vainilla

PREPARACIÓN

1. Unte con mantequilla generosamente una fuente para soufflé de 1 1/2 cuarto de galón o una cacerola/recipiente de vidrio Pyrex de 7 tazas con lados rectos.
2. Coloca el pan y las pasas en un bol grande. Poner a un lado.
3. En otro bol bate la leche y los huevos con la mantequilla derretida, el concentrado de jugo de naranja, el azúcar, la canela y la vainilla; vierta la mezcla de pan y mezcle bien.
4. Vierta en un tazón/cazuela preparada.

5. Corte un trozo de papel de aluminio de 16 pulgadas y dóblelo a lo largo dos veces para formar una elevación resistente para el pudín terminado.
6. Coloque el papel de aluminio en la olla de cocción lenta, dejando que los extremos cuelguen. Vierta aproximadamente 1 taza de agua muy caliente en la olla. Coloca el budín de pan en los platos, coloca las "asas" de aluminio en el interior y tapa el molde.
7. Cocine a temperatura ALTA durante 2 1/2 horas. Usando agarraderas, use suavemente las "asas" para levantar el plato de la olla y poder agarrar el exterior del plato. Colóquelo sobre una rejilla para que se enfríe un poco.
8. Servir caliente con salsa de vainilla o salsa de naranja.

Mantequilla de durazno en olla de barro

INGREDIENTES

- 6 tazas de duraznos sin azúcar
- 3 tazas de azúcar blanca
- 1 1/2 tazas de néctar de albaricoque
- 2 cucharadas de jugo de naranja o limón
- 1 cucharadita de vainilla

PREPARACIÓN

1. Pasar los melocotones por un pasapurés o procesador de alimentos.
2. Combine todos los ingredientes en una olla de cocción lenta.
3. Tape y cocine a temperatura BAJA durante 3 horas, revolviendo ocasionalmente.
4. Destape y continúe cocinando hasta que se seque el exceso de líquido, aproximadamente de 5 a 8 horas.
5. Transferir a contenedores. Selle y refrigere o congele para un almacenamiento más prolongado.

Bizcocho de crockpot

INGREDIENTES

- 1 caja (16 onzas) de mezcla para bizcocho
- 1/4 taza de azúcar moreno claro, bien empaquetado
- 1 cucharada de harina para todo uso
- 1/4 taza de nueces pecanas finamente picadas
- 1 cucharadita de canela molida
- 1 cucharadita de mantequilla derretida
- .
- Glaseado de vainilla:
- 1/2 taza de azúcar en polvo
- 1/4 cucharadita de vainilla
-

2 o 3 cucharadas de leche

PREPARACIÓN

1. Mezcle la mezcla para pastel según las instrucciones del paquete. Vierta la masa en un molde para café de 2 libras bien engrasado y enharinado (asegúrese de que quepa en la olla con tapa) o en una bandeja para hornear que contenga la masa y quepa en la olla. Combine el azúcar, la harina, las nueces, la canela y la mantequilla; espolvorear sobre la masa del pastel. Coloca la lata en una olla de cocción lenta. Cubre la parte superior de la lata con 8 capas de toallas de papel. Tape la olla de cocción lenta y cocine a temperatura alta durante 3-4 horas.
2. Deje enfriar sobre una rejilla durante 5 minutos; desmoldar. Combine los ingredientes del glaseado de vainilla hasta que quede suave; rocíe sobre el pastel.

Pan de calabaza Crockpot

INGREDIENTES

- 1 taza de harina para todo uso
- 1 1/2 cucharaditas de polvo para hornear
- 1 cucharadita de especias para pastel de calabaza
- 1/2 taza de azúcar morena, bien compacta
- 2 cucharadas de aceite vegetal
- 2 huevos, ligeramente batidos
- 1/2 taza de puré de calabaza (enlatado)
-

1/4 taza de pasas, finamente picadas

PREPARACIÓN

1. Combine la harina, el polvo para hornear y las especias para pastel de calabaza en un tazón; Poner a un lado.
2. En un bol, combine el azúcar moreno y el aceite vegetal; batir hasta que esté bien combinado. Batir los huevos. Agrega la calabaza y mezcla bien. Agrega la mezcla de harina y bate con una cuchara de madera hasta que se combinen. Agrega las pasas.
3. Vierta la mezcla de calabaza en 2 frascos de medio litro de lados rectos, bien engrasados y enharinados. Cubra bien los frascos con papel de aluminio engrasado.
4. Coloque una rejilla o un trozo de papel de aluminio ligeramente arrugado en 3-1/2 a 4 cuartos de galón. olla de barro. Coloque los frascos sobre una rejilla o papel de aluminio.
5. Tape y cocine a temperatura ALTA durante aproximadamente 1 1/2 horas o hasta que al insertar un palillo de madera o un probador de pasteles en el centro, éste salga limpio.
6. Retire los frascos y colóquelos sobre una rejilla; enfriar 10 minutos. Retire con cuidado el pan de los frascos. Dejar enfriar completamente sobre una rejilla. Rinde 2 panes.

Arroz con leche en olla de barro

INGREDIENTES

- 2 1/2 tazas de arroz cocido

- 1 1/2 tazas de leche escaldada

- 2/3 taza de azúcar blanca o morena

- 3 huevos batidos

- 1 cucharadita. sal

- 2 cucharadas. vainilla

- 1 cucharadita. canela

- 1 cucharadita. Nuez moscada

- 1/2 taza de pasas

- 3 cucharadas de mantequilla blanda

PREPARACIÓN

1. Combina todos los ingredientes. Vierta en una fuente para hornear untada con mantequilla que quepa en una olla de cocción lenta. (Esto también se puede verter directamente en una olla untada con mantequilla). Cocine a temperatura alta de 1 1/2 a 2 horas. Revuelve cada 10 minutos durante los primeros 30 minutos. La receta se puede duplicar.

Arroz con leche en olla de barro con fruta

INGREDIENTES

- 1 paquete (6 onzas) de arándanos secos
- 1 paquete (4 onzas) de arándanos secos
- 1 lata (12 onzas) de leche evaporada
- 1 1/2 tazas de agua
- 8 onzas de concentrado de jugo de naranja congelado
- 3/4 taza de azúcar
- 1 taza de crema espesa
- Una pizca de sal
- 1/4 cucharadita de canela molida
- 1 taza de arroz Arborio de grano corto

PREPARACIÓN

1. Rocíe el interior del recipiente para platos con aceite en aerosol antiadherente.

2. Combine todos los ingredientes y vierta en la olla de cocción lenta.
3. Tape y cocine a temperatura BAJA durante 4 a 5 horas o a temperatura ALTA durante 2 a 2 1/2 horas, o hasta que el arroz esté tierno y la mezcla se haya espesado.
4. Revuelva la mezcla aproximadamente a la mitad de la cocción y justo antes del final.
5. 6 porciones

Manzanas fritas en crockpot

INGREDIENTES

- 3 libras de manzanas Granny Smith, peladas, sin corazón y cortadas en rodajas
- 1 cucharadita de canela
- una pizca de nuez moscada recién rallada, opcional
- 3 cucharadas de fécula de maíz
- 1 taza de azúcar granulada
- 1 o 2 cucharadas de mantequilla, cortada en trozos pequeños

PREPARACIÓN

1. Coloque las rodajas de manzana en una olla de cocción lenta o de barro; mezclar con los demás ingredientes y espolvorear con mantequilla. Tape y cocine a fuego lento durante aproximadamente 6 horas, o hasta que las manzanas estén tiernas pero no blandas. Revuelva aproximadamente a mitad de la cocción.
2. Rinde de 2 1/2 a 3 tazas.

Pastel De Frutas Al Curry

INGREDIENTES

- 1 paquete de ciruelas (16 onzas), sin hueso
- 1 paquete de orejones (11 onzas)
- 1 lata (20 onzas) de piña picada, escurrida
- 1 lata de duraznos; en rodajas (1 libra 13 onzas)
- 1 taza de azúcar morena
- 1/2 cucharadita de curry en polvo
- 12 onzas de cerveza de jengibre

PREPARACIÓN

1. Combine todos los ingredientes en una olla de cocción lenta. Cubra y cocine a temperatura BAJA durante 4 a 5 horas o ALTA durante aproximadamente 1 1/2 a 2 horas.

Tarta De Cerezas Fácil

INGREDIENTES

- 1 frasco de 16 onzas de relleno para pastel de cerezas, ligero
- 1 paquete de mezcla para pastel para 1 capa de pastel o mezcla para muffins dulces
- 1 huevo
- 3 cucharadas de leche evaporada
- 1/2 cucharadita de canela
-
1/2 taza de nueces picadas, opcional

PREPARACIÓN

1. Coloque el relleno de pastel en una olla de barro de 3 1/2 cuartos ligeramente untada con mantequilla y cocine a fuego alto durante 30 minutos. Mezclar los ingredientes restantes y verter sobre el relleno de tarta caliente. Tapar y cocinar durante 2 o 3 horas a fuego lento. También puedes utilizar una fuente para soufflé ligeramente engrasada en una olla de cocción lenta más grande.
2. 6 porciones.

Racimos de chocolate fáciles

INGREDIENTES

- 2 libras de cobertura de caramelo blanco o corteza de almendra, partida en trozos pequeños
- 2 tazas (12 onzas) de chispas de chocolate semidulce
- 4 onzas de chocolate dulce alemán
-
24 onzas de maní tostado seco

PREPARACIÓN

1. En una olla eléctrica, combine la cobertura de caramelo blanco o la corteza de almendra, el chocolate dulce alemán y las chispas de chocolate semidulce. Tape y cocine a temperatura ALTA durante 1 hora; reduzca a BAJO. Tape y cocine 1 hora más, o hasta que el caramelo se derrita, revolviendo cada 12 a 15 minutos. Agrega los maní tostados, mezclando bien. Deje caer los racimos de maní a cucharaditas sobre papel encerado; dejar reposar hasta que cuaje. Guarde los dulces a temperatura ambiente.
2. Rinde aproximadamente de 3 a 4 docenas de racimos de chocolate y maní.

Puré de manzana fácil en olla de cocción lenta

INGREDIENTES

- 8 a 10 manzanas, peladas, sin corazón y cortadas en trozos
- 1/3 taza de jugo de manzana o agua
- 1 cucharadita escasa de canela
-

1/2 taza de azúcar moreno envasada

PREPARACIÓN

1. Combine todos los ingredientes en una olla de cocción lenta.
2. Cubra y cocine a temperatura BAJA durante 7 a 9 horas.
3. Revuelva para combinar y triture ligeramente, si lo desea.
4. Sirve 8.

natillas favoritas

INGREDIENTES

- 2 tazas de leche, escaldada

- 3 huevos, ligeramente batidos

- 1/3 taza de azúcar granulada

- 1 cucharadita de vainilla

- 1/8 cucharadita de sal

- Nuez moscada

- coco, opcional

PREPARACIÓN

1. Calentar la leche y dejar enfriar un poco. Combina los huevos, el azúcar, la vainilla y la sal. Incorpora poco a poco la leche. Vierta en una fuente para hornear untada con mantequilla de 1 cuarto de galón que se ajuste a la olla de cocción lenta. Espolvorea con nuez moscada y coco, si lo deseas. Cubre la bandeja para hornear con papel de aluminio.
2. Coloque la bandeja para hornear sobre un salvamanteles o un aro de aluminio en la olla de cocción lenta.
3. Vierta agua caliente alrededor de la fuente para hornear aproximadamente a 1 pulgada de profundidad. Tape la olla y cocine a temperatura ALTA durante 2 a 2 1/2 horas, o hasta que al insertar un cuchillo en la crema, éste salga limpio.
4. Servir caliente o frío.
5. Para 6 porciones.

Pan de plátano en maceta

INGREDIENTES

- 2 tazas de harina

- 1 cucharadita de bicarbonato de sodio

- 1/2 cucharadita de sal

- 1/2 taza de mantequilla

- 1 taza de azúcar

- 2 huevos

- 1 taza de plátanos maduros; puré, 2-3 plátanos medianos

- 1/3 taza de leche

- 1 cucharadita de jugo de limón

- 1/2 taza de nueces picadas

- 1 maceta, de terracota, de aproximadamente 6 1/2 pulgadas, para que quepa en la olla eléctrica

PREPARACIÓN

1. Lave bien una maceta nueva; engrase y luego forre con papel encerado, cortando al tamaño adecuado. Nota: asegúrese de que la maceta se ajuste a su olla eléctrica o use una lata de café de 2 libras. Engrasa el papel encerado.
2. Mezcla la harina, el bicarbonato de sodio y la sal. En un recipiente aparte, bata la mantequilla, luego agregue el azúcar, los huevos y los plátanos, mezclando bien. Combine la leche y el jugo de limón con la mezcla de plátano, agregue la mezcla de harina y leche alternativamente y luego agregue las nueces.
3. Vierta la mezcla en la maceta preparada y colóquela en una olla eléctrica. Coloque el revestimiento en la base. Cubrir con 2-3 toallas de papel. Tape la olla y cocine a fuego lento de 5 a 6 horas. No levantes la tapa para comprobarlo hasta la última hora.

Tarta de manzana fresca

INGREDIENTES

- 2 tazas de mezcla para galletas
- 2/3 taza de puré de manzana
- 1/4 taza de leche
- 2 cucharadas de azúcar granulada
- 2 cucharadas de mantequilla, ablandada o derretida
- 2 manzanas, peladas, sin corazón y cortadas en cubitos
- 1 cucharadita de canela
- 1 cucharadita de vainilla
- 1 huevo, ligeramente batido
-

STREUSEL

- 1/4 taza de mezcla para galletas
- 1/4 taza de azúcar morena
- 2 cucharadas de mantequilla sólida
- 1 cucharadita de canela
- 1/4 taza de nueces picadas, si lo desea

PREPARACIÓN

1. Combina los primeros 9 ingredientes. Mezclar hasta que esté bien combinado.
2. Extiéndalo en una olla de barro de 3 1/2 cuartos ligeramente engrasada (o extiéndalo en una fuente para hornear ligeramente engrasada que quepa en una olla de barro de mayor tamaño).
3. Combine los ingredientes del streusel con un tenedor o una batidora de repostería; espolvorear sobre la masa.
4. Tape y cocine a fuego alto durante aproximadamente 2 1/2 horas, hasta que al insertar un palillo en el centro, éste salga limpio. Destapar y dejar enfriar el bizcocho en el molde.
5. Cuando esté lo suficientemente frío como para manipularlo, aflójelo de los lados y levántelo con cuidado con una espátula flexible, o afloje los lados y voltee ligeramente la olla y retírela con la mano (es posible que desee sostener un pequeño trozo de papel de aluminio o papel encerado).

pan de jengibre

INGREDIENTES

- 1 mezcla de pan de jengibre (alrededor de 14 a 15 onzas)
- 1/4 taza de harina de maíz amarillo
- 1 cucharadita. sal
- 1 1/2 tazas de leche
-

1/2 taza de pasas

PREPARACIÓN

1. Combine la mezcla de pan de jengibre con la harina de maíz y la sal en un tazón; Agregue la leche y mezcle hasta que la masa se humedezca.
2. Batir con batidor eléctrico a velocidad media durante 2 minutos; agregue las pasas.
3. Vierta en un molde para 7 tazas untado con mantequilla y enharinado. Cubrir con film transparente y atar.
4. Coloque un salvamanteles o una rejilla en la olla de cocción lenta. Utilizo como soporte una hoja de papel ligeramente arrugada. Vierta 1 1/2 tazas de agua caliente en la olla. Coloque el molde relleno sobre la rejilla o papel de aluminio en la olla eléctrica.
5. Tape y cocine a potencia ALTA durante 3 a 4 horas o hasta que el pan esté cocido.
6. Retirar de la olla y dejar enfriar sobre una rejilla durante 5 minutos.
7. Afloje con cuidado los bordes con un cuchillo y colóquelos sobre una rejilla para que se enfríen un poco.
8. Sirva caliente con mantequilla o queso crema para untar.

Budín de pan casero

INGREDIENTES

- 2 huevos, ligeramente batidos
- 2 1/4 tazas de leche entera
- 1 cucharadita de vainilla
- 1/2 a 1 cucharadita de canela
- 1/4 cucharadita de sal
- 2 tazas de cubitos de pan de 1 pulgada
- 1/2 taza de azúcar moreno
- 1/2 taza de pasas o dátiles picados

PREPARACIÓN

1. En un tazón mediano, combine los huevos con la leche, la vainilla, la canela, la sal, el pan, el azúcar y las pasas o dátiles. Vierta en un molde para hornear o soufflé de 1 1/2 cuartos de galón que se ajuste a la olla de cocción lenta. Coloque un salvamanteles de metal (o papel de aluminio en forma de anillo para mantener el plato alejado del fondo de la olla) o colóquelo en el fondo de la olla. Agrega 1/2 taza de agua caliente a la olla. Coloque la bandeja para hornear sobre el salvamanteles o el aro de aluminio. Tape y cocine a fuego alto durante aproximadamente 2 horas, hasta que cuaje.
2. Sirve el budín de pan frío o caliente, con salsa de tu elección o solo.
3. Para 4-6 porciones.

Manzanas caramelizadas calientes

INGREDIENTES

- 4 manzanas ácidas grandes, sin corazón

- 1/2 taza de jugo de manzana

- 1/2 taza de azúcar morena, envasada

- 12 caramelos de canela al rojo vivo

- 4 cucharadas de mantequilla

- 8 caramelos

- 1/4 cucharadita de canela molida

PREPARACIÓN

1. Pele aproximadamente 3/4 de pulgada de la parte superior de cada manzana; colóquelo en una olla de cocción lenta. Vierta el jugo de manzana sobre las manzanas. Llene el centro de cada manzana con 2 cucharadas de azúcar morena, 3 caramelos de canela, 1 cucharada de mantequilla y 2 caramelos. Espolvorea con un poco de canela. Tape y cocine a fuego lento de 4 a 6 horas o hasta que las manzanas estén tiernas. Servir caliente tal cual o con nata o nata montada.
2. Para 4 manzanas al horno.

Compota de frutas caliente

INGREDIENTES

- 1 lata de duraznos, escurridos
- 1 lata de peras, escurridas
- 1 lata de piña picada, escurrida
- 1 taza de azúcar moreno
- 1 cucharadita. canela
- 1/2 barra de mantequilla o margarina (4oz)
- 1 lata de relleno de tarta de cerezas

PREPARACIÓN

1. Corta toda la fruta en trozos pequeños. Agrega el resto de los ingredientes. Mezclar todo. Cubra y cocine a fuego lento de 3 a 6 horas. Úselo como guarnición para el desayuno o la comida, o como aderezo para un postre.

Postre de frutas caliente

INGREDIENTES

- 3 pomelos, pelados y cortados en rodajas
- 1 lata (11 onzas) de gajos de mandarina, escurridos
- 1 lata (16 oz) de coctel de frutas, bien escurrido
- 1 lata (20 oz) de piña picada, bien escurrida
- 1 lata (16 oz) de duraznos en rodajas, bien escurridos
- 3 plátanos, rebanados, opcional
- 1 cucharada de jugo de limón
- 1 lata (21 onzas) de relleno de pastel de cerezas

PREPARACIÓN

1. Combine todos los ingredientes en una olla de cocción lenta y revuelva suavemente para combinar. Tapar y cocinar a fuego lento durante 3-5 horas.
2. Produce aproximadamente 2 litros de fruta. Servir con nata montada o nata montada.

Fruta picante picante

INGREDIENTES

- 1 lata grande (28-29 onzas) de rodajas de durazno, escurridas (28-29 onzas)

- 1 lata de trozos de piña con jugos naturales, sin escurrir (8 a 16 onzas)

- 1 lata grande (28-29 onzas) de rodajas de pera, escurridas (28-29 onzas)

- 1 lata (15 onzas) de frutas variadas picadas

- cerezas marrasquino, escurridas, aproximadamente 1/2 taza o al gusto

- 1 cucharada de fécula de maíz

- 1 1/2 cucharaditas de canela molida

- 1 cucharadita de nuez moscada molida

- 1/2 taza de azúcar moreno

- 4 cucharadas de mantequilla

PREPARACIÓN

1. Combine todos los ingredientes en la olla de cocción lenta; mezclar suavemente.
2. Cubra y cocine a temperatura BAJA durante aproximadamente 4 a 6 horas o ALTA durante 2 a 3 horas. Sirva con crema o una cucharada de crema agria, si lo desea.
3. Sirve 8.

pudín indio

INGREDIENTES

- 3 tazas de leche
- 1/2 taza de harina de maíz
- 1/2 cucharadita de sal
- 3 huevos
- 1/4 taza de azúcar moreno claro
- 1/3 taza de melaza
- 2 cucharadas de mantequilla
- 1/2 cucharadita de canela molida
- 1/4 cucharadita de pimienta de Jamaica molida
- 1/2 cucharadita de jengibre molido
- 2/3 taza de dátiles picados o pasas picadas

PREPARACIÓN

1. Engrase ligeramente la olla de barro. Precalienta a temperatura alta durante 20 minutos. Mientras tanto, llevar a ebullición la leche, la harina de maíz y la sal. Hervir, revolviendo constantemente, durante 5 minutos. Tapar y cocinar por otros 10 minutos. En un tazón grande, combine los huevos, el azúcar moreno, la melaza, la mantequilla y las especias. Incorpora poco a poco la mezcla de harina de maíz caliente; mezclar hasta que esté suave. Agregue las pasas o los dátiles finamente picados. Vierta en la olla y cocine a temperatura alta durante 2 a 3 horas o a temperatura baja durante 6 a 8 horas.

Pastel al revés de limón y semillas de amapola

INGREDIENTES

- 1 paquete. Mezcla de pan de limón y semillas de amapola
- 1 huevo
- 8 onzas de crema agria ligera
- 1/2 taza de agua
- .
- Salsa:
- 1 cucharada de mantequilla
- 3/4 taza de agua
- 1/2 taza de azúcar
- jugo de un limón (aproximadamente 1/4 taza)

PREPARACIÓN

1. Mezcle los primeros 4 ingredientes hasta que estén bien humedecidos. Extienda la masa en una olla de cocción lenta o de barro de 3 1/2 cuartos ligeramente engrasada. Combine los ingredientes de la salsa en una cacerola pequeña; llevar a ebullición. Vierta la mezcla hirviendo sobre la masa; tapar y cocinar a máxima potencia durante 2 o 2 horas y media. Los bordes quedarán ligeramente dorados. Apagar el fuego y dejar en la cacerola unos 30 minutos con la tapa ligeramente entreabierta. Cuando esté lo suficientemente frío como para manipularlo, sostenga un plato grande sobre la parte superior de la olla y luego voltee.

Deliciosa tarta de queso con limón

INGREDIENTES

Corteza:

- 1 taza de migajas de oblea de vainilla
- 1/2 cucharadita de ralladura de limón
- 1 cucharada de azúcar
- 3 cucharadas de mantequilla derretida

Relleno:

- 16 onzas de queso crema, ablandado
- 2/3 taza de azúcar granulada
- 2 huevos grandes
- 1 cucharada de harina para todo uso o maicena
- 1 cucharadita de ralladura de limón fresca
- 2 cucharadas de jugo de limón fresco

PREPARACIÓN

1. Combine los ingredientes de la corteza. Coloque en un molde desmontable de 7 pulgadas.
2. Batir el queso crema y el azúcar hasta que quede suave y cremoso; Incorpora los huevos y continúa batiendo a velocidad media con una batidora eléctrica durante unos 3 minutos.
3. Agrega los demás ingredientes y continúa batiendo durante aproximadamente 1 minuto.
4. Vierta la masa en la base preparada.
5. Coloque el pastel de queso sobre una rejilla en la Crock Pot (se puede usar papel de aluminio arrugado para formar una rejilla).
6. Tape y cocine a temperatura alta durante 2 1/2-3 horas.
7. Deje reposar el pastel de queso terminado en el molde tapado después de apagarlo durante aproximadamente una o dos horas, hasta que se enfríe lo suficiente como para manipularlo.
8. Deje enfriar completamente antes de quitar los lados del molde. Deje enfriar en el refrigerador antes de servir y guarde las sobras en el refrigerador.

Manzanas al horno con maní naranja

INGREDIENTES

- 6 manzanas para cocinar
- 1/2 taza de pasas
- 3 cucharadas de harina para todo uso
- 1/3 taza de azúcar granulada
- 1/2 cucharadita de canela molida
- 1/8 de cucharadita de sal
- 1 cucharadita de ralladura de naranja finamente rallada
- 2 cucharadas de mantequilla de maní
- 2 cucharadas de mantequilla
- 1/4 taza de maní tostado picado
- 2/3 taza de agua
- 2/3 taza de jugo de naranja
- crema (opcional)

PREPARACIÓN

1. Lavar las manzanas y el corazón. Pele las manzanas aproximadamente a un tercio del extremo del tallo. Llene el centro hueco con pasas; Coloque las manzanas en la olla eléctrica, apilándolas si es necesario. Combine la harina, el azúcar, la canela, la sal, la ralladura de naranja, la mantequilla de maní y la mantequilla hasta que se desmorone. Agregue maní y espolvoree sobre las manzanas. Mezcla agua y jugo de naranja; vierta alrededor de las manzanas. Tapa la olla y cocina a fuego lento de 7 a 9 horas, hasta que las manzanas estén tiernas.
2. Servir caliente, solo o con nata.
3. Para 6 porciones

Manzanas al horno de Maggie

INGREDIENTES

-
7 u 8 manzanas medianas, sin corazón

-
Secciones de naranja clementina

-
Pasas

-
canela

PREPARACIÓN

1. Rellena las manzanas con gajos de naranja, pasas y canela; apílalos en la olla de barro y agrega 1/4 taza de agua. Cubra y cocine a fuego lento durante la mayor parte del día, aproximadamente de 7 a 9 horas.
2. Maggie nota que las manzanas se han encogido un poco, pero se han mantenido muy bien.

Obleas de mantequilla de menta

INGREDIENTES

- 2 cucharadas de mantequilla

- 1/4 taza de leche

- 1 paquete. mezcla de glaseado blanco (seco)

-

3 gotas de saborizante de menta

PREPARACIÓN

1. Derrita la mantequilla y la leche juntas en una olla de cocción lenta tapada en la posición ALTA. Agregue la mezcla de glaseado y cocine de 1 a 2 minutos más. Agrega saborizante. Bajar a fuego lento y dejar caer a cucharadas sobre papel encerado.
2. Rinde 5 docenas.

Tarta de queso con chocolate y mantequilla de maní

INGREDIENTES

-

Corteza:

- 1 taza de chocolate o migajas de galleta Graham normal
- 2 cucharadas de azúcar moreno
- 3 cucharadas de mantequilla derretida

-

Relleno:

- 12 onzas de queso crema, temperatura ambiente
- 2/3 taza de azúcar moreno
- 2 huevos grandes
- 1/3 taza de mantequilla de maní cremosa
- 1 cucharada de harina para todo uso
- 1/2 cucharadita de vainilla
- 1/2 taza de chispas de chocolate, derretidas (chocolate semidulce o con leche)

PREPARACIÓN

1. Combine las migas con 2 cucharadas de azúcar morena; agregue la mantequilla derretida hasta que esté bien humedecida. Coloque en un molde desmontable de 7 pulgadas.

2. En un tazón mediano, con una batidora eléctrica, combine el queso crema y 2/3 de taza de azúcar morena. Agrega los huevos y bate a velocidad media durante unos 2 minutos. Agrega la mantequilla de maní, la harina y la vainilla; batir unos 2 minutos más.
3. Vierta toda la masa menos aproximadamente 1/2 taza en el molde preparado.
4. Combine las chispas de chocolate derretidas con la masa restante y vierta sobre la masa en el molde.
5. Corta suavemente la masa de chocolate con un cuchillo para formar un remolino, sin alterar la corteza.
6. Colóquelo sobre una rejilla o aro de aluminio (para mantener la sartén alejada del fondo de la olla) en la olla.
7. Tape y cocine a fuego alto durante 2 1/2 horas. Apague el fuego y déjelo durante aproximadamente 1 1/2 a 2 horas, hasta que se enfríe lo suficiente como para retirarlo.
8. Deje enfriar completamente antes de retirarlo del molde.
9. Deje enfriar antes de servir y guarde las sobras en el refrigerador.

Horno: Hornee a 325° F durante aproximadamente 45 minutos a 1 hora, luego apague el horno y déjelo enfriar en el horno durante aproximadamente 4 horas.

Bombones De Tarta De Queso

INGREDIENTES

Corteza:

- 1 taza de galletas Graham molidas
- 1/4 taza de nueces pecanas finamente picadas
- 2 cucharadas de azúcar moreno
- 3 cucharadas de mantequilla derretida

Relleno:

- 16 onzas de queso crema, temperatura ambiente
- 3/4 taza de azúcar morena
- 2 huevos grandes
- 1/4 taza de crema para batir
- 1 cucharadita de extracto de vainilla
- 1 cucharada de harina

PREPARACIÓN

1. Combina las migas y las nueces con el azúcar moreno; agregue la mantequilla derretida hasta que esté bien humedecida. Coloque en un molde desmontable de 7 pulgadas.
2. Batir el queso crema y el azúcar hasta que quede suave. Agrega los huevos, la nata, la vainilla y la harina; batir durante 3 a 4 minutos a velocidad media con una batidora

de mano eléctrica. Vierta en la base preparada y colóquelo sobre una rejilla o un aro de aluminio (para mantenerlo alejado del fondo del molde) en una olla de barro de 5 a 6 cuartos (lo suficientemente grande como para caber en el molde desmontable).
3. Tape y cocine a temperatura alta durante 2 1/2-3 horas. Apagar y dejar reposar de 1 a 2 horas, hasta que se enfríe lo suficiente como para retirarlo.
4. Deje enfriar completamente y retire los lados del molde.
5. Adorne con la mitad de las nueces si lo desea.
6. Deje enfriar antes de servir y guarde las sobras en el refrigerador.

Horno: Hornee a 325°F durante 45 minutos a 1 hora, luego apague el horno y déjelo enfriar en el horno durante aproximadamente 4 horas.

Pastel De Pudín

INGREDIENTES

- 1 taza de harina
- 1/2 taza de azúcar
- 1/2 taza de nueces pecanas picadas en trozos grandes
- 1/4 taza de cacao amargo
- 2 cucharaditas de polvo para hornear
- 1/2 cucharadita de sal
- 1/2 taza de leche
- 1/4 taza de aceite
- 1 cucharadita de extracto de vainilla
- 1 taza de agua hirviendo
- 1/2 taza de jarabe de chocolate
- crema batida o helado

PREPARACIÓN

1. En el tazón, combine los primeros 6 ingredientes; agrega la leche, el aceite y la vainilla. Vierta la masa en un molde para 6 tazas engrasado o en un recipiente similar (asegúrese de que quepa en su olla eléctrica). Mezcla agua hirviendo con almíbar de chocolate; vierta sobre la masa. Coloque un salvamanteles pequeño, un aro de aluminio o una banda de un frasco de conservas en el fondo de la estufa; agregue 2 tazas de agua caliente a la olla de cocción lenta. Coloca el molde en una olla y cubre con 4 capas de papel absorbente.
2. Cubra la olla y cocine a potencia alta durante 3-4 horas.
3. Servir caliente con nata o helado.

calabaza de nueva york

INGREDIENTES

- 1 lata de puré de calabaza (15 onzas)
- 1 cucharada escasa de especias para pastel de calabaza
- 2 cucharaditas de vainilla
- 1 lata de leche evaporada (12 onzas)
- 3/4 taza de azúcar
- 1/2 taza de mezcla para galletas
- 2 cucharadas de mantequilla
- 2 huevos

PREPARACIÓN

1. Rocíe la olla de cocción lenta con spray antiadherente o engrase ligeramente el interior.
2. Combina todos los ingredientes en un bol. Con una batidora de mano eléctrica a velocidad media-baja, bata los ingredientes hasta que quede suave.
3. Vierta la mezcla en la olla preparada.
4. Cubra y cocine a temperatura baja de 6 a 8 horas o cocine a temperatura alta de 3 a 4 horas.
5. Vierta en tazas y cubra con crema batida o crema batida ligeramente condimentada.
6. Para 6.

Pan de calabaza

INGREDIENTES

-
1/2 taza de aceite vegetal

-
1/2 taza de azúcar granulada

- 1/2 taza de azúcar morena clara u oscura, bien compacta
- 2 huevos grandes, batidos
- 1 taza de puré de calabaza enlatado
- 1 1/2 tazas de harina tamizada
- 1/2 cucharadita de sal
- 1/2 cucharadita de canela
- 1/2 cucharadita de nuez moscada
- 1 cucharadita de bicarbonato de sodio
- 1 taza de nueces pecanas o nueces picadas

PREPARACIÓN

1. En el bol combinar el aceite con el azúcar granulada y el azúcar moreno; mezclar bien. Agrega los huevos batidos y el puré de calabaza. Tamizar los ingredientes secos; Mézclalo con la mezcla de calabaza y luego agrega las nueces picadas. Vierta la masa en 1 libra engrasada y enharinada. 10 onzas. lata de café (asegúrese de que quepa en su olla eléctrica con la tapa puesta) o use una bandeja para hornear que contenga la masa y quepa en su olla eléctrica. Coloque la lata en la olla de cocción lenta.
2. Cubre la parte superior de la lata con 8 toallas de papel; Coloque la tapa sobre la olla eléctrica. Cocine a temperatura ALTA durante 2 1/2 - 3 1/2 horas. No levante la tapa hasta que el bizcocho se haya cocinado al menos 2 horas.

Al Rabar

INGREDIENTES

- 2 tazas de ruibarbo fresco rebanado
- 3/4 taza de azúcar granulada
- 1 rama de canela
- 1 cucharadita de ralladura de limón
-
1/4 taza de mantequilla
-
1/3 taza de harina
-
1/3 taza de azúcar

PREPARACIÓN

1. Combine el ruibarbo con 3/4 taza de azúcar, canela y ralladura de limón en la olla. Cubra y cocine a temperatura BAJA durante 3 a 4 horas. Retire la canela. Coloca el ruibarbo en una bandeja para hornear. Combine los ingredientes restantes hasta que se desmenucen y espolvoree sobre el ruibarbo. Hornee a 400° durante 20-25 minutos, hasta que la cobertura esté dorada. Servir con crema batida o helado.
2. Sirve de 4 a 6 porciones.

Ricos brownies con corteza de nueces

INGREDIENTES

- 1/4 taza de mantequilla derretida
- 1 taza de nueces pecanas picadas
- 1 paquete familiar de mezcla para brownie (de 20 a 23 onzas), junto con los ingredientes de preparación

PREPARACIÓN

1. Vierta mantequilla derretida en una lata de café de 2 libras; agite para cubrir bien el fondo y los lados. Espolvorea con la mitad de las nueces picadas. Mezcle los brownies según las instrucciones del paquete y agregue las nueces picadas restantes. Vierte la mezcla en la lata de café. Coloca la lata en una olla de cocción lenta. Cubre la parte superior de la lata con 8 toallas de papel. Tape y cocine a temperatura ALTA durante 3 horas. No revise ni retire la tapa durante 45 a 60 minutos. Retire la lata; deseche las toallas de papel.
2. Dejar reposar 5 minutos. Desmolda y sirve caliente, si lo deseas.

Tarta de queso con amaretto y ricota

INGREDIENTES

- Corteza:
- 1 taza de oblea de vainilla molida (alrededor de 21 a 23 galletas)
- 1 cucharada de azúcar
- 1/8 de cucharadita de extracto de almendras
- 3 cucharadas de mantequilla derretida
-

Relleno:

- 15 onzas de requesón ligero
- 8 onzas de queso crema, ablandado
- 2/3 taza de azúcar
- 3 huevos grandes más 1 yema de huevo
- 1/4 taza de licor Amaretto Ama
- 2 cucharadas de harina para todo uso
- 1/4 cucharadita de extracto de almendras
-

1/2 cucharadita de extracto de vainilla

PREPARACIÓN

1. Combine bien los ingredientes de la corteza; Coloque en un molde desmontable de 7 pulgadas.
2. Incorpora el azúcar a los quesos; agrega los huevos; batir durante 2 a 3 minutos a velocidad media con una batidora de mano eléctrica. Agrega los demás ingredientes del relleno

y bate durante unos 2 minutos más. Vierta sobre la base preparada.
3. Coloque el pastel de queso sobre una rejilla en la Crock-Pot (o use un "anillo" de papel de aluminio arrugado para mantenerlo alejado del fondo de la olla). Cubra y cocine el pastel de queso a temperatura alta durante 2 1/2 a 3 horas.
4. Déjelo reposar en la olla tapada (después de apagarla) durante aproximadamente 1 a 2 horas, hasta que se enfríe lo suficiente como para manipularlo.
5. Deje enfriar completamente antes de quitar los lados del molde.
6. Deje enfriar antes de servir; guarde las sobras en el refrigerador.

Horno: Hornee a 325°F durante 45 minutos a 1 hora, luego apague el horno y déjelo enfriar en el horno durante aproximadamente 4 horas.

Postre de manzana sencillo en olla de cocción lenta

INGREDIENTES

- 4 manzanas grandes, peladas, sin corazón y cortadas en cuartos
- 1/2 taza de azúcar moreno claro
- 2 tazas de sidra de manzana
- 2 tazas de agua
- 2 ramas de canela o aproximadamente 1 cucharadita de canela molida
- 3 cucharadas de mantequilla, cortada en trozos pequeños
- 1 cucharada de maicena mezclada con 1 cucharada de agua fría
- 1 cucharadita de extracto de vainilla

PREPARACIÓN

1. Coloque las manzanas en el recipiente de cocción lenta.
2. En un tazón, combine el azúcar moreno, la sidra, el agua, las ramas de canela o canela y la mantequilla. Vierta sobre las manzanas.
3. Tape y cocine a temperatura ALTA durante 2 a 2 1/2 horas, o hasta que las manzanas estén tiernas, revolviendo 2 a 3 veces durante la cocción.
4. Vierta los jugos en una cacerola y déjelos hervir en la estufa. Hervir, revolviendo ocasionalmente, durante 8 a 10 minutos. Reduzca el fuego a fuego lento.
5. Agrega la maicena y el agua fría y mezcla bien. Agregue los jugos hirviendo. Continúe cocinando, revolviendo constantemente, hasta que espese. Agrega la vainilla.
6. Sirve las manzanas con la salsa de sidra.
7. Para 4 personas.

Zapatero de desayuno en olla de cocción lenta

INGREDIENTES

- 4 manzanas medianas, peladas, sin corazón y cortadas en rodajas
- 1/4 taza de miel
- 1 cucharadita de canela molida
- 2 cucharadas de mantequilla derretida
- 2 tazas de cereal de granola, tu favorito

PREPARACIÓN

1. Coloque las manzanas en una olla de cocción lenta untada con mantequilla; Combine los ingredientes restantes y espolvoree sobre las manzanas. Cubra y cocine a temperatura BAJA de 7 a 9 horas o ALTA de 3 a 4 horas. Servir con nata o helado.
2. Para 4 personas.

Compota De Frutas Cocidas Con Canela

INGREDIENTES

- 1 lata (aproximadamente 15 onzas) de duraznos en rodajas
- 1 lata (aproximadamente 15 onzas) de cerezas de color rojo oscuro
- 1 lata (aproximadamente 15 onzas) de peras rebanadas
- 1 lata (aproximadamente 15 onzas) de medio albaricoque
- 4 cucharadas de azúcar moreno claro, envasada
- 4 cucharadas de jugo de naranja concentrado congelado o jugo de naranja normal
- 1/2 cucharadita de canela

PREPARACIÓN

1. Escurrir bien las frutas. Coloque la fruta en la olla de cocción lenta con el azúcar morena, el concentrado de jugo de naranja y la canela. Revuelva suavemente, cubra y cocine a temperatura BAJA durante 3-5 horas.
2. Sirve de 6 a 8 porciones.

Pudín de pan con canela y naranja en olla de cocción lenta

INGREDIENTES

- 6 rebanadas de pan, de aproximadamente 6 onzas, cortadas en trozos pequeños
- 1/2 taza de pasas doradas u oscuras
- 1 lata (12 onzas) de leche evaporada
- 4 huevos grandes
- 2 cucharadas de mantequilla derretida
- 6 onzas de jugo de naranja concentrado
- 4 huevos grandes
- 1 taza de azúcar
- 1/2 cucharadita de canela molida
- 1 cucharada de extracto de vainilla

PREPARACIÓN

1. Unte con mantequilla generosamente una fuente para soufflé de 1 1/2 cuarto de galón o una cacerola/recipiente de vidrio Pyrex de 7 tazas con lados rectos.
2. Coloca el pan y las pasas en un bol grande. Poner a un lado.
3. En otro bol bate la leche y los huevos con la mantequilla derretida, el concentrado de jugo de naranja, el azúcar, la canela y la vainilla; vierta la mezcla de pan y mezcle bien.
4. Vierta en un tazón/cazuela preparada.

5. Corte un trozo de papel de aluminio de 16 pulgadas y dóblelo a lo largo dos veces para formar una elevación resistente para el pudín terminado.
6. Coloque el papel de aluminio en la olla de cocción lenta, dejando que los extremos cuelguen. Vierta aproximadamente 1 taza de agua muy caliente en la olla. Coloca el budín de pan en los platos, coloca las "asas" de aluminio en el interior y tapa el molde.
7. Cocine a temperatura ALTA durante 2 1/2 horas. Usando agarraderas, use suavemente las "asas" para levantar el plato de la olla y poder agarrar el exterior del plato. Colóquelo sobre una rejilla para que se enfríe un poco.
8. Servir caliente con salsa de vainilla o salsa de naranja.

Arroz con leche cocido a fuego lento con frutos rojos

INGREDIENTES

- 1 paquete (6 onzas) de arándanos secos
- 1 paquete (4 onzas) de arándanos secos
- 1 lata (12 onzas) de leche evaporada
- 1 1/2 tazas de agua
- 8 onzas de concentrado de jugo de naranja congelado
- 3/4 taza de azúcar
- 1 taza de crema espesa
- Una pizca de sal
- 1/4 cucharadita de canela molida
- 1 taza de arroz Arborio de grano corto

PREPARACIÓN

1. Rocíe el interior del recipiente para platos con aceite en aerosol antiadherente.
2. Combine todos los ingredientes y vierta en la olla de cocción lenta.
3. Tape y cocine a temperatura BAJA durante 4 a 5 horas o a temperatura ALTA durante 2 a 2 1/2 horas, o hasta que el arroz esté tierno y la mezcla se haya espesado.
4. Revuelva la mezcla aproximadamente a la mitad de la cocción y justo antes del final.
5. 6 porciones

Cuchara de duraznos

INGREDIENTES

- 1/4 taza de azúcar granulada
- 1/2 taza de azúcar moreno
- 3/4 taza de mezcla para galletas
- 2 huevos batidos
- 2 cucharaditas de vainilla
- 2 cucharaditas de mantequilla derretida
- 2/3 taza de leche evaporada
- 2 tazas de rodajas de durazno, hechas puré
- 1 cucharadita escasa de canela

PREPARACIÓN

1. Rocíe la olla de cocción lenta con aceite en aerosol antiadherente. Combine los azúcares y la mezcla de galletas. Mezcle los huevos y la vainilla. agrega la mantequilla derretida y la leche. Agrega los melocotones y la canela.

Vierta en la olla de cocción lenta/Crock Pot y cocine a fuego lento durante 6-8 horas.

Budín de calabaza y dátiles al vapor

INGREDIENTES

- 1 taza de azúcar moreno
- 1/2 taza de manteca
- 2 huevos, separados
- 1 3/4 tazas de harina para todo uso
- 1 cucharadita de sal
- 1 cucharadita de bicarbonato de sodio
- 1 cucharadita de polvo para hornear
- 1 cucharadita de canela molida
- 1 cucharadita de nuez moscada
- 1 cucharadita de jengibre molido
- 1 lata de calabaza de 16 onzas o 1 1/2 tazas de calabaza fresca cocida y hecha puré
- 1/4 taza de leche evaporada
- 1 taza de dátiles picados

- 1/2 taza de nueces picadas

PREPARACIÓN

1. Crema de azúcar moreno y manteca vegetal. Añade las yemas de huevo batiendo bien. Mezclar la harina, la sal, la mantequilla, el polvo para hornear, el bicarbonato, la canela, la nuez moscada y el jengibre y batir alternativamente con la calabaza y la leche. Agregue los dátiles y las nueces. Batir las claras hasta que formen picos rígidos e incorporarlas suavemente a la masa. Coloque la mezcla en un soufflé o sartén de 6 tazas bien engrasado o untado con mantequilla. Coloque un salvamanteles pequeño en una olla de barro lo suficientemente grande para el plato de soufflé y agregue aproximadamente de 1/2 a 3/4 de pulgada de agua a la olla de barro.
2. Si no tienes salvamanteles, haz un anillo de papel de aluminio lo suficientemente grueso como para mantener el soufflé fuera del agua. Corte una ronda de papel encerado que se ajuste a la parte superior del molde para soufflé y engrase ligeramente para que la masa no se pegue a medida que sube, luego envuélvala bien con papel de aluminio. Colóquelo en Crock Pot y cocine a temperatura BAJA durante 4 a 5 horas.

fruta cocida

INGREDIENTES

- 16 onzas de ciruelas sin hueso
- 8 onzas de albaricoques secos
- 8 onzas de peras secas
- 3 tazas de agua
- 1/2 taza de azúcar
- 1/2 vaina de vainilla o 1/2 cucharadita de vainilla
- 1 cucharadita de ralladura de limón finamente rallada
- 2 cucharadas de jugo de limón fresco

PREPARACIÓN

1. Combine todos los ingredientes en una olla de barro y cocine a fuego lento hasta que la fruta esté tierna, de 6 a 8 horas.
2. Servir caliente oa temperatura ambiente.
3. Rinde: 6 a 8 porciones.

Zapatero de fresa y ruibarbo

INGREDIENTES

- 2 1/2 tazas de ruibarbo en rodajas
- 1 1/2 tazas de fresas rebanadas
- 3/4 taza de azúcar
- 1/2 taza de agua
- 2 cucharaditas de jugo de limón
- 2 cucharadas de maicena mezcladas con suficiente agua fría para hacer una pasta suave
- 1 taza. + 1 cucharada. Harina (o use harina con levadura y omita el polvo para hornear)
- 3 cucharadas. azúcar
- 1 1/2 cucharadita. Levadura en polvo
- 1/4 cucharadita. sal
- 1/4 taza de mantequilla fría
- 1/2 taza de leche o mitad y mitad

PREPARACIÓN

1. Combine la fruta, el azúcar, el agua y el jugo de limón en una olla de cocción lenta/Crock Pot, cubra y cocine a fuego lento durante 4 a 5 horas. Mezclar la maicena con un poco de agua

fría y agregar a la mezcla. Girar. Licúa los ingredientes secos. Corta la mantequilla hasta obtener una mezcla granulada; revuelva la leche hasta que esté humedecida. Vierta pequeñas cantidades sobre la mezcla de frutas.

2. Tapar y cocinar durante 1 hora aproximadamente a máxima potencia.

Bizcocho de Streusel

INGREDIENTES

- Paquete de mezcla para pastel de 1 libra, 16 oz
- 1/4 taza de azúcar moreno claro, bien empaquetado
- 1 cucharada de harina para todo uso
- 1/4 taza de nueces pecanas finamente picadas
- 1 cucharadita de canela molida
- 2 cucharaditas de mantequilla

PREPARACIÓN

1. Mezcle la mezcla para pastel según las instrucciones del paquete. Vierta la masa en un molde para café de 2 libras bien engrasado y enharinado (asegúrese de que quepa en la olla con tapa) o en una bandeja para hornear que contenga la masa y quepa en la olla. Combine el azúcar, la harina, las nueces, la canela y la mantequilla; espolvorear sobre la masa del pastel. Coloca la lata en una olla de cocción lenta. Cubre la parte superior de la lata con 8 capas de toallas de papel. Tape la olla de cocción lenta y cocine a temperatura alta durante 3-4 horas.

Budín de triple chocolate

INGREDIENTES

- 1 paquete de mezcla para pastel de chocolate (formato de 2 capas)
- 2 tazas de crema agria
- 1 paquete de pudín de chocolate instantáneo (cualquier tamaño)
- 1 taza de chispas de chocolate semidulce
- 3/4 taza de aceite vegetal
- 4 huevos grandes
- 1 taza de agua

PREPARACIÓN

1. Rocíe la olla de barro con spray antiadherente.
2. Mezcle todos los ingredientes en un tazón hasta que estén bien combinados; transfiéralo a la olla de cocción lenta.
3. Cubra y cocine a temperatura BAJA durante 6-8 horas. No levante la tapa.
4. Servir con helado.

Fruta especiada caliente

INGREDIENTES

- 1 lata grande (28-29 onzas) de rodajas de durazno, escurridas (28-29 onzas)
- 1 lata de trozos de piña con jugos naturales, sin escurrir (8 a 16 onzas)
- 1 lata grande (28-29 onzas) de rodajas de pera, escurridas (28-29 onzas)
- 1 lata (15 onzas) de frutas variadas picadas
- cerezas marrasquino, escurridas, aproximadamente 1/2 taza o al gusto
- 1 cucharada de fécula de maíz
- 1 1/2 cucharaditas de canela molida
- 1 cucharadita de nuez moscada molida
- 1/2 taza de azúcar moreno
- 4 cucharadas de mantequilla

PREPARACIÓN

1. Combine todos los ingredientes en la olla de cocción lenta; mezclar suavemente.
2. Cubra y cocine a temperatura BAJA durante aproximadamente 4 a 6 horas o ALTA durante 2 a 3 horas. Sirva con crema o una cucharada de crema agria, si lo desea.
3. Sirve 8.

pan de calabacín

INGREDIENTES

- 2 huevos grandes
- 2/3 taza de aceite vegetal
- 1 1/4 tazas de azúcar
- 1 1/3 tazas de calabacín, pelado y rallado
- 1 cucharada de extracto de vainilla
- 2 tazas de harina para todo uso
- 1/4 cucharadita de sal
- 1/2 cucharadita de polvo para hornear
- 1 1/2 cucharaditas de canela molida
- 1/4 cucharadita de nuez moscada molida
- 1 taza de pecanas o nueces picadas

PREPARACIÓN

1. En el bol con la batidora eléctrica, bata los huevos hasta que estén suaves y esponjosos. Agrega el aceite, el azúcar, los calabacines rallados y la vainilla. Mezclar bien.
2. Combine los ingredientes secos en otro tazón con las nueces; mezcle bien para combinar. Agregue a la mezcla de calabacín y mezcle bien.
3. Vierta en una lata de café de 2 libras enmantecada y enharinada o en un molde de 2 cuartos (lo que use, asegúrese de que quepa en su olla de cocción lenta). Colocar en una olla de cocción lenta.
4. Cubre la lata o plato con 8 toallas de papel.
5. Tape y cocine a temperatura ALTA durante 3 a 4 horas.
6. No retires la tapa para revisar el bizcocho hasta que se haya horneado durante 3 horas. Dejar reposar 5 minutos antes de desmoldar.

Frijoles con Atún

INGREDIENTES

-
- 4 cucharadas de aceite de oliva

-
- 1 diente de ajo, machacado

- 1 libra de frijoles blancos pequeños, remojados durante la noche y escurridos

- 2 tazas de tomates picados

- 2 latas de 6-1/2 onzas de atún blanco en agua, escurrido y desmenuzado

- 2 ramitas de albahaca, finamente picadas o 1 1/2 cucharaditas de albahaca seca

- Sal y pimienta para probar\

PREPARACIÓN

1. Saltee el ajo en el aceite hasta que esté dorado; deseche el ajo. Combine el aceite con sabor a ajo con los frijoles y 6 tazas (48 onzas) de agua en una olla de barro. Tapar y cocinar a máxima potencia durante 2 horas. Baja el fuego, tapa y cocina por 8 horas. Agrega los ingredientes restantes; tapar y cocinar a máxima potencia durante 30 minutos.

Delicia de queso y pasta (atún o pollo)

INGREDIENTES

- 1 libra de filetes de pollo o pechugas de pollo, en cubos
- 1 lata (15 oz) de tomates, cortados en cubitos
- 1 lata pequeña (6 onzas) de pasta de tomate
- 1 rama de apio, en rodajas
- 1/4 taza de cebolla picada
- 1/2 taza de zanahorias picadas o ralladas, enlatadas o cocidas hasta que estén ligeramente tiernas
- 1/2 cucharadita de orégano
- 1/2 cucharadita de sal
- 1/4 cucharadita de pimienta
- 1/2 cucharadita de ajo en polvo
- pizca de azúcar u otro edulcorante (opcional o al gusto)

PREPARACIÓN

1. Combine todos los ingredientes en una olla de cocción lenta o en una olla de cocción lenta. Tapar y cocinar a fuego lento durante 6-8 horas. Pruebe y ajuste los condimentos unos 30 minutos antes de servir y agregue un poco de agua para diluir, si es necesario. Sirva esta receta sencilla de salsa de pollo sobre espaguetis, fettuccine u otra pasta.
2. Esta receta fácil de pollo sirve para 4 personas.

Gumbo De Pollo Y Salchicha Con Camarones

INGREDIENTES

- 3 cucharadas de harina para todo uso
- 3 cucharadas de aceite
- 1/2 libra de salchicha ahumada, cortada en rodajas de 1/2 pulgada
- 3/4 a 1 libra de muslos de pollo deshuesados, cortados en trozos pequeños
- 1 1/2 a 2 tazas de okra recortada congelada
- 1 taza de cebolla picada
- 1/2 taza de pimiento verde picado
- 3 dientes de ajo picados
- 1/4 cucharadita de pimienta de cayena molida o al gusto
- 1/4 cucharadita de pimienta negra molida
- 1 lata (14,5 onzas) de tomates cortados en cubitos, sin escurrir
- 1 taza de camarones medianos congelados, limpios y cocidos
- 1 ½ tazas de arroz blanco regular de grano largo, crudo
- 3 tazas de caldo de pollo o agua (actualizado el 9/07)

PREPARACIÓN

1. En una cacerola combine la harina y el aceite; mezclar bien. Cocine, revolviendo constantemente, a fuego medio-alto durante 5 minutos. Reduzca la temperatura a media baja; cocine, revolviendo constantemente, durante

aproximadamente 8 a 12 minutos o hasta que la mezcla adquiera un color marrón rojizo claro.
2. Coloque la mezcla de harina y aceite en un inserto de olla de cocción lenta de 3 1/2 a 4 cuartos. Agrega todos los demás ingredientes excepto los camarones, el arroz y el caldo o agua; mezclar bien.
3. Cubra y cocine a temperatura BAJA durante 7 a 9 horas.
4. Agrega los camarones cocidos al gumbo; mezclar bien.
5. Cubra y continúe cocinando a BAJA durante 20 minutos más. Mientras tanto, cocine el arroz en el caldo o agua siguiendo las instrucciones del paquete.
6. Sirva el gumbo sobre arroz cocido caliente junto con pan de maíz o galletas.
7. Sirve de 6 a 8 porciones.

Pollo y Camarones

INGREDIENTES

- 2 libras de pollo, muslos y pechuga deshuesados y sin piel, cortados en trozos
- 2 cucharadas de aceite de oliva virgen extra
- 1 taza de cebolla picada
- 2 dientes de ajo, picados
- 1/4 taza de perejil, picado
- 1/2 vaso de vino blanco
- 1 lata grande (15 onzas) de salsa de tomate
- 1 cucharadita de hojas secas de albahaca
- 1 libra de camarones crudos, pelados y limpios
- sal y pimienta negra recién molida, al gusto
- 1 libra de fettuccine, linguini o espagueti

PREPARACIÓN

1. En una sartén grande o sartén antiadherente a fuego medio, calienta el aceite de oliva. Agregue los trozos de pollo y cocine, revolviendo, hasta que estén ligeramente dorados. Retire el pollo de la olla de cocción lenta.
2. Añade un poco de aceite a la sartén y sofríe la cebolla, el ajo y el perejil durante 1 minuto aproximadamente. Retire del fuego y agregue el vino, la salsa de tomate y la albahaca seca. Vierta la mezcla sobre el pollo en una olla de cocción lenta.
3. Cubra y cocine a temperatura BAJA durante 4 a 5 horas.
4. Agregue los camarones, cubra y cocine a temperatura BAJA durante aproximadamente 1 hora más.

5. Sazone con sal y pimienta negra recién molida al gusto.
6. Justo antes de que el plato esté listo, cocine la pasta en agua hirviendo con sal como se indica en el paquete.

Cítricos - Olla eléctrica

INGREDIENTES

- 1 1/2 libras de filetes de pescado
- Sal y pimienta para probar
- 1/2 taza de cebolla picada
- 5 cucharadas de perejil fresco picado
- 1 cucharada de aceite vegetal
- 2 cucharaditas de ralladura de limón
- 2 cucharaditas de ralladura de naranja
- Rodajas de naranja y limón, para decorar
-

ramitas de perejil, para decorar

PREPARACIÓN

1. Mantequilla de cocción lenta; espolvorea los filetes de pescado con sal y pimienta. Coloca el pescado en la olla. Colocar sobre el pescado la cebolla, el perejil, la ralladura de naranja y limón y el aceite. Cubra y cocine a temperatura BAJA durante 1 1/2 horas.
2. Sirva adornado con rodajas de naranja y limón y ramitas de perejil fresco.

Sopa de almejas crockpot

INGREDIENTES

- 4 latas (6 1/2 oz) de almejas picadas con jugo
- 1/2 libra de cerdo salado o tocino, cortado en cubitos
- 1 taza de cebolla picada
- 6 a 8 papas medianas, peladas y cortadas en cubos
- 3 tazas de agua
- 3 1/2 cucharaditas de sal
- 1/4 cucharadita de pimienta
- 4 tazas media crema y media leche
- 3-4 cucharadas. maicena
- perejil fresco picado, para decorar

PREPARACIÓN

1. Corta las almejas en trozos pequeños si es necesario.
2. En una sartén, saltee la carne de cerdo o el tocino y la cebolla hasta que se doren; drenar. Coloque en una olla de cocción lenta con las almejas.
3. Agrega todos los demás ingredientes, excepto la leche, la maicena y el perejil.
4. Tape y cocine a temperatura alta durante 3 a 4 horas o hasta que las verduras estén tiernas.

5. Durante la última hora de cocción, combine 1 taza de leche o crema con la maicena. Agrega la mezcla de maicena y el resto de la leche o crema y mezcla bien; calentar a través.
6. Cubra cada porción con un poco de perejil picado y sirva con galletas saladas o tostadas francesas.

Jambalaya

INGREDIENTES

- 1 libra o pechugas de pollo tiernas, deshuesadas, cortadas en cubos de 1 pulgada
- 8-12 onzas de salchicha ahumada, en rodajas,
- 1/2 taza de cebolla picada
- 1 pimiento verde, picado
- 1 lata grande (28 onzas) de tomates triturados
- 1 taza de caldo de pollo
- 1/2 vaso de vino blanco seco
- 2 cucharaditas de hojas secas de orégano
- 2 cucharaditas de perejil seco
- 2 cucharaditas de condimento cajún
- 1 cucharadita de pimienta de cayena
- 1 libra de camarones, cocidos
- 2 tazas de arroz de grano largo, cocido

PREPARACIÓN

1. Combine el pollo, la salchicha, el pimiento morrón picado y la cebolla picada en la olla de cocción lenta. Agrega los tomates, el caldo de pollo, el vino, el orégano, el perejil, el condimento cajún y la pimienta; mezclar suavemente.
2. Cubra y cocine a temperatura BAJA durante 6 a 8 horas o ALTA durante 3 a 4 horas.

3. Aproximadamente 30-30 minutos antes de comer, agregue los camarones cocidos y el arroz cocido caliente; calentar bien.
4. Sirve 8.

Chuletas de cerdo Crockpot II

INGREDIENTES

- 4 a 6 chuletas de cerdo

- 1 lata (10 3/4 onzas) de crema de champiñones, apio u otra crema condensada

-

1/2 taza de salsa de tomate

PREPARACIÓN

1. Capa de chuletas de cerdo en olla de barro. mezcle la sopa y el ketchup. Cubra y cocine a temperatura BAJA durante 7 a 9 horas.

Chuletas de cerdo Crockpot - Joan's

INGREDIENTES

- 8 chuletas de cerdo deshuesadas
- 6 cebollas dulces grandes, peladas y cortadas en rodajas gruesas
- 2 cucharaditas de sal
- 1 cucharadita de pimienta
- 1 taza. Caldo de pollo
- 1/4 a 1/2 taza. vino blanco seco o jerez
- 1/4 taza de cebollino fresco picado o perejil fresco picado

PREPARACIÓN

1. Quite el exceso de grasa de las costillas. En una sartén grande o sartén antiadherente, cocina las rodajas de cebolla a fuego medio, intentando evitar que se separe en aros. Retire las rodajas de cebolla a un plato grande; Poner a un lado.
2. Encienda el fuego a medio alto y dore cada chuleta durante unos 2 minutos por lado. Cuando hayas dado la vuelta a cada chuleta, espolvorea con una pizca de sal y una dosis generosa de pimienta negra recién molida. Retire las chuletas de cerdo a un plato grande.
3. Apague el fuego; agregue el caldo y el vino a la sartén y raspe los jugos de la sartén y los restos dorados restantes.

4. Coloque las cebollas y las chuletas en la olla de cocción lenta, comenzando y terminando con las rodajas de cebolla; agrega el caldo.
5. Cubra y cocine a temperatura BAJA durante 7 a 9 horas.
6. Espolvorea con cebollino o perejil picado antes de servir.
7. Sirve de 6 a 8 porciones.

Chuleta De Cerdo Y Papas En Crockpot

INGREDIENTES

- Chuletas, costillas o filetes de cerdo deshuesados de 4 a 6 (3/4 a 1 pulgada) de grosor
- 1/4 taza de harina sazonada con sal y pimienta
- 2-3 cucharadas de aceite vegetal
- 3 cucharadas de jerez seco o vino blanco, opcional
- 1 frasco de Salsa Alfredo (16 oz)
- 3 papas grandes para asar, en rodajas finas
- 1 1/2 tazas de judías verdes cortadas, frescas o congeladas
- Sal y pimienta para probar

PREPARACIÓN

1. Cubra las chuletas con la mezcla de harina. Calienta el aceite vegetal en una sartén grande a fuego medio-alto. Agrega las cebollas y cocina hasta que estén tiernas. Agrega las chuletas de cerdo; dora por ambos lados. Retire las chuletas y las cebollas a un plato; Poner a un lado. Con una sartén caliente fuera del fuego, agrega el jerez y suelta los pedacitos dorados con una espátula. La mayor parte del vino se cocinará rápidamente.
2. Unte con mantequilla los lados y el fondo de una olla de cocción lenta de 3 1/2 cuartos o más.
3. Coloca las patatas, espolvoreando ligeramente con sal y pimienta. Coloca las judías verdes encima de las patatas. Transfiera las costillas y las cebollas doradas a la olla de cocción lenta y vierta el jugo de la sartén sobre las costillas. Vierta la salsa Alfredo sobre todo. Tapar y cocinar a fuego

lento durante 7-8 horas. Prueba y ajusta el sazón. La receta de chuleta de cerdo sirve de 4 a 6 personas.

Chuletas De Cerdo En Crockpot

INGREDIENTES

- 4 a 6 chuletas de cerdo, con o sin hueso
- Sal kosher y pimienta negra recién molida, al gusto
- 2-3 cucharadas de harina para todo uso
- 2 cucharadas de aceite de oliva virgen extra
- 1 lata grande (29 onzas) de duraznos en mitades o rodajas en almíbar ligero
- 1 lata (8 onzas) de salsa de tomate
- 1/4 de vinagre de sidra
- 1/4 taza de azúcar moreno claro u oscuro, envasada
- 1/4 cucharadita de canela molida
- 1/8 cucharadita de clavo molido

PREPARACIÓN

1. Coloca las chuletas de cerdo sobre una hoja de papel pergamino o papel pergamino. Espolvorea ligeramente ambos lados con sal kosher y pimienta negra recién molida. Espolvoree ligeramente con harina.
2. En una sartén o sartén grande y pesada a fuego medio-alto; agrega el aceite de oliva.
3. Cuando el aceite de oliva esté caliente, coloca las chuletas de cerdo en la sartén. Cocine durante unos 3 minutos por lado o

hasta que estén dorados. Transfiera las chuletas de cerdo al plato de la olla de cocción lenta.
4. Escurrir el almíbar de melocotón en un bol y reservar. Coloque los duraznos sobre las chuletas de cerdo.
5. En un tazón mediano, combine 1/4 taza de almíbar de durazno con salsa de tomate, vinagre, azúcar morena, canela y clavo. Batir para mezclar bien.
6. Vierta la mezcla de salsa sobre los duraznos y las chuletas de cerdo en la olla de cocción lenta.
7. Cubra y cocine a temperatura BAJA durante 4 a 6 horas, o hasta que la carne de cerdo esté tierna y cocida como desee (consulte la nota de seguridad alimentaria a continuación).

Variaciones

1. Use su salsa barbacoa favorita en la mezcla de salsa y omita la salsa de tomate y los clavos. Obtendrás un agradable sabor ahumado con la salsa barbacoa.
2. Después de que las chuletas de cerdo estén doradas, agregue aproximadamente 1 taza de cebolla y rodajas de pimiento. Saltee hasta que la cebolla esté traslúcida y agréguela a las chuletas de cerdo en la olla de cocción lenta junto con los duraznos.

Cazuela De Pasta Y Espinacas Crockpot

INGREDIENTES

- 1 paquete (10 onzas). espinacas picadas congeladas
- 1 paquete (8 oz) giro de pasta tagliatelle giro
- 1 libra de carne molida magra
- 1/2 libra de salchicha italiana
- 1 cebolla, finamente picada
- 2 cucharadas. aceite
- 2 latas (8 oz) de salsa de tomate
- 1 cucharadita. sal
- 1 cucharadita. Orígano
- 1/2 taza parmesano
- 1 taza. (4 oz) de queso Monterey Jack rallado
- 4 cebollas verdes, picadas

PREPARACIÓN

1. Descongela las espinacas y exprímelas bien. Cocine los fideos en agua hirviendo con sal hasta que estén tiernos. Drenar. Dore la carne y la cebolla en aceite hasta que se desmenucen; escurrir el exceso de grasa. Agrega la salsa de tomate, la sal y el orégano. Cubra y cocine a fuego lento durante 30 minutos; agrega las espinacas. Encienda la olla a fuego alto después de untar con mantequilla el fondo y los lados. Vierta la mitad de los fideos en la olla de barro untada con mantequilla. Cubra con la mitad de la mezcla de carne y la mitad del parmesano.
2. Cubra con capas de la pasta, la carne y el parmesano restantes. Espolvorea con queso Jack y cebollas verdes. Cocine a máxima potencia durante una hora.
3. Sirve 8.

Estofado De Cerdo En Crockpot

INGREDIENTES

- 1 1/2 libras de lomo de cerdo deshuesado, cortado en trozos de 1 pulgada
- 3 zanahorias medianas, cortadas en trozos de 1 pulgada
- 1/2 taza de cebolla picada
- 4 tazas de caldo de pollo
- 1 1/2 tazas de papas de 1/2 pulgada cortadas en cubitos
- 1 1/2 tazas de calabaza pelada cortada en cubos de 1 pulgada
- 1/2 cucharadita de sal
- 1/2 cucharadita de pimienta
- 3 cucharadas de harina para todo uso
-

3 cucharadas de mantequilla, ablandada

PREPARACIÓN

1. Mezcle todos los ingredientes excepto la harina y la margarina en una olla de cocción lenta de 4 a 6 cuartos.
2. Tape y cocine a temperatura BAJA durante 8 horas (o a temperatura alta 4 horas), o hasta que la carne de cerdo ya no esté rosada y las verduras estén tiernas.
3. Combine la harina y la margarina; mezcle hasta que quede suave. Agregue la mezcla de harina, 1 cucharada a la vez, a la mezcla de carne de cerdo hasta que se combinen.
4. Tape y cocine a fuego alto de 30 a 45 minutos más, revolviendo ocasionalmente, hasta que espese.
5. Para 6.

Cerdo desmenuzado en crockpot

INGREDIENTES

- Paletilla de cerdo asada, alrededor de 4 libras
- 2 cebollas medianas, cortadas en rodajas finas
- 1 1/2 tazas de agua
- 1 botella (16 onzas) de salsa barbacoa o 2 tazas de salsa casera
-

1 taza de cebolla picada

PREPARACIÓN

1. Coloque la mitad de las cebollas en rodajas finas en el fondo de la olla de cocción lenta; agregue la carne de cerdo y el agua, junto con las rodajas de cebolla restantes. Cubra y cocine a temperatura BAJA durante 8 a 10 horas o de 4 a 5 horas a temperatura ALTA. Drene el líquido de la olla de cocción lenta; Picar la carne en trozos grandes y quitar el exceso de grasa. Regrese la carne de cerdo a la olla de cocción lenta. Agrega la salsa barbacoa y la cebolla picada. Cubra y cocine a temperatura BAJA durante 4 a 6 horas más. Revuelva de vez en cuando.
2. Sirva con panecillos calientes y ensalada de col.
3. Sirve de 8 a 10 porciones.

www.ingramcontent.com/pod-product-compliance
Lightning Source LLC
Chambersburg PA
CBHW070401120526
44590CB00014B/1208